주식, 사자처럼 투자하고 거북이처럼 간다

이것만 미리 알았어도 좋았을 것들

이것만 미리 알았어도 좋았을 것들
주식, 사자처럼 투자하고 거북이처럼 간다

1판 1쇄 발행 | 2021년 9월 10일

지 은 이 | 이헌상
펴 낸 이 | 이성범
펴 낸 곳 | 도서출판 타래
교정·교열 | 박진영
표지 디자인 | 김인수
본문 디자인 | 권정숙

주소 | 서울특별시 영등포구 양평로30길 14, 911호(세종앤까뮤스퀘어)
전화 | (02)2277-9684~5 / 팩스 | (02)323-9686
전자우편 | taraepub@nate.com
출판등록 | 제2012-000232호

ISBN 978-89-8250-142-5 13320

· 이 책은 저작권법에 의해 한국 내에서 보호를 받는 저작물이므로
  무단 전재와 무단 복제를 금합니다.
· 값은 뒤표지에 있습니다.
· 파본은 구입한 서점에서 교환해 드립니다.

주식, 사자처럼 투자하고 거북이처럼 간다

이것만 미리 알았어도 좋았을 것들

이헌상 지음

도서출판**타래**

우선 이 책은 매우 특별한 사람을 위해 만들었습니다.

'돈버는 주식 습관은 따로 있다' 줄여서 많은 분이 '돈주따'라고 부르는 전편은 2016년 7월 초판이 나왔고 이후 총 10쇄가 출간되었습니다. 그리고 전편 초판 이후 5년 만에 새로운 주식투자 지침서를 쓰게 되었습니다. 전편이 워낙 많은 분의 사랑을 받아 후속작에 대한 기다림도 컸는데 이번 '주식, 사자처럼 투자하고 거북이처럼 가라'는 매우 특별한 사람을 위해 만들었습니다.

바로 이 책 출간일에 태어난 제 쌍둥이입니다. 저는 여러분이 생각하시는 것보다 훨씬 늦은 나이에 매우 어렵게 2세를 보게 되었습니다. 이란성 쌍둥이 아들 딸입니다. 아마도 이 아이들이 성장해 주식투자, 부동산투자, 사람에 대한 투자를 할 때쯤이면 저는 많이 늙고 지금과 같은 맑은 정신에 투자 방법을 가르치기 힘들 겁니다.

이 아이들이 성장해 투자 특히 주식투자를 시작할 때 '이렇게 하는 것이 맞다'라고 가르쳐 주고 싶었습니다. 아빠는 이렇게 투자해왔고 너희도 아빠처럼 이렇게 투자하라는 바람과 가르침을 책에 담기로 했습니다. 뭔가를 가르치고 싶거나 이 아이들이 성장해 어떤 경우와 상황에 대한 해답이 필요할 때 열어볼 수 있도록 저의 오랜 경험이 담긴 가르침을 하나하나 천천히 담아줄 생각입니다.

이번에는 우선 주식투자 얘기인데 제 아이들에게 가르치고 싶은 내용인 만큼 여러분과 여러분 자녀분에게도 이 책의 내용을 권합니다. 이유는 간단합니다. 제 아이들이 어차피 할 주식투자에서 주식의 노예가 되지 않길 바라니까요. 그리고 개미처럼 주식투자를 하게 하고 싶지도 않습니다. 그래서 주식은 사자처럼 투자하고 거북이처럼 천천히 시간투자를 하는 것이라고 가르치고 싶습니다.

주식투자로 돈벌기 위해 미리 준비해야 할 습관들

주식투자로 돈을 벌거나 성공투자를 하려면 무엇이 필요할까요? 그리고 돈버는 비결은 무엇일까요? 물론 많은 공부와 풍부한 지식, 노력과 경험, 노하우 등이 필요하겠죠. 하지만 많은 시행착오를 거치면서 많은 것을 잃을 겁니다. 저는 제 아이들에게 그 시행착오를 줄여주고 싶습니다.

성공투자를 위해서는 바로 소중한 돈에 대한 너희의 확신과 정성을 쏟아 시간투자를 통해 큰 투자수익을 만들어가는 거라고 말이죠. 그 시간투자를 하는 동안 너희가 하는 일을 열심히 하면 된다고 말해주고 싶습니다. 처음부터 누구나 이런 돈버는 재주가 있지는 않을 겁니다. 또한 주식투자를 하다 보면 원하는 방향으로 원하는 그림대로 움직이지 않을 때가 더 많겠죠. 때로는 가랑비나 장대비를 계속 맞을 수도 있겠지만 비가 내린 후 해가 뜨면 젖은 옷은 다시 마르는 원리와 뻔한 흐름을 제 아이들에게 가르쳐주고 싶습니다.

쌀 때 사 비쌀 때 파는 주식투자, 인기와 관심이 없을 때 사 모두의 관심이 집중되고 인기주가 되었을 때 또는 가장 최악일 때 사 가장 화려할 때 파는 주식투자, 저평가 바닥주를 사 고평가된 천장에서 파는 주식투자를 가르치고 싶습니다. 그리고 "애들아, 기회는 반드시 올 테니 여유를 갖고 차분히 기다려라"라고 말해주고 싶습니다.

성공투자를 원한다면 뜻밖의 요행이나 지름길을 찾지 말라고 말해주고 싶습니다. 큰 투자성과는 항상 좋은 투자습관을 꾸준히 하다 보면 저절로 온다는 원리를 알려줄 겁니다. 이 책에 바로 그 원리와 방법을 담았습니다.

우리는 개미가 아니다. 사자처럼 투자한다

저는 제 아이들이 사자나 호랑이처럼 자랐으면 좋겠습니다. 큰 투자성과를 올리기 위해 큰 먹잇감을 사냥하는 방법을 가르쳐주고 싶습니다. 작은 먹잇감은 잊고 큰 먹잇감, 즉 큰 투자수익을 올리는 투자기법을 가르쳐주고 싶습니다.

가장 이상적인 고수익 구조와 여기서 포지션이 어디서 시작되어야 하는지 또 이후 과정은 어떻고 어디까지 가야 하는지 알려주고 싶습니다. 살다 보면 크고 작은 기회가 반드시 찾아옵니다. 주식투자도 마찬가지입니다. 몇 가지 대박 유형이 있습니다. 이 유형을 통해 자주 찾아오지 않는 투자의 적기를 놓치지 않게 해주고 싶습니다.

모든 투자에서 큰 성과의 필요조건 중 하나는 시간투자입니다. 여기서 저는 낚시를 가르쳐주고 싶습니다. 저는 낚시를 별로 좋아하지 않지만 주식으로 낚싯대를 던져두고 월척을 낚거나 작은 물고기도 쉬엄쉬엄 낚는 분산 시간투자를 가르쳐주고 싶습니다. 그리고 너희가 감당할 만큼만 낚싯대를 던져두라고 말해주고 싶네요. 어차피 우리가 하는 주식투자 방식은 물고기가 순서대로 물게 되어 있으니까요.

뻔한 승부에 시간과 정성을 아낌없이 쏟아부어라!

살다 보면 여러 가지 승부와 승부처가 찾아옵니다. 그중 뻔한 승부는 절대로 놓치지 말라고 말해주고 싶습니다. 미래가 불확실한 투자는 선뜻 손이 나가지 않는 것이 당연합니다. 앞으로 어떻게 될지 모르니까요. 하지만 모든 투자는 불확실한 미래에 대한 그림을 그려놓고 확신하고 투자하는 거라고 알려주고 싶습니다. 남들이 그렇게 못하더라도 너희는 사자처럼 그렇게 하라고 말이죠. 물론 리스크가 있을 수도 있지만 결론이 뻔한 승부라면 얘기가 달라집니다. 저는 뻔한 승부를 가르쳐주고 싶습니다. 모두 확신하지 못하는, 결론이 뻔한 승부 말입니다.

큰 수익을 낸 뻔한 승부부터 작은 수익이나 꾸준한 수익을 낼 뻔한 승부 말이죠. 이 책에는 이 뻔한 승부를 담았습니다. 물론 내가 굳이 어려운 선택을 하지 않아도 시스템적으로 이길 수밖에 없는 뻔한 게임 방법도 포함했습니다. 그리고 매우 오랜만에 찾아오는 큰 위기는 너희가 살면서 가질 수 있는 가장 큰 기회가 될 수 있다는 것을 꼭 가르쳐주고 싶습니다. 위기에 강한 투자자가 되길 바라는 마음에서 말이죠. 모두 공포와 패닉 상태일 때 당장 눈앞의 위기와 함께 대부분이 보고 싶어 하지 않고 또 보이지도 않는 반대쪽 영역을 꼭 보는 혜안을 갖길 말입니다. 위기가 찾아오면 당장 무엇을 준비해야 하고 위기 이후 찾아올 기회와 큰 투자성과를 기다리는 시간투자를 어떻게 해야 하는지 말이죠.

당장 눈앞의 작은 것을 쫓지 말고 눈에 보이지 않는 것과 무엇이 무엇을 선반영하고 이미 반영되었는지 또 먹을 게 있는지 없는지, 주가가 오르기 시작하는 시점이 언제인지 등을 판단하고 행동에 옮기는 방법을 이 책에 담았습니다. 그리고 이 책을 읽어보시면서 저의 주식투자 방법에 대해 조금 더 갈증이 생기는 분들은 전편 '돈버는 주식습관은 따로 있다'를 꼭 읽어보시기 바랍니다.

끝으로 사랑하는 서윤, 서준에게

"이 책은 아빠가 너희에게 꼭 가르쳐주고 싶은 첫 번째 투자 지침서란다. 어려운 것은 없어! 아빠도 그랬거든… 너희도 아빠가 해온 방법대로 하면 뭐든지 잘되게 되어 있어!"

아빠가

PROLOGUE \04

주식투자로 돈벌기 위해 미리 준비해야 할 습관들

01 성공투자의 3대 요소와 주식으로 돈버는 비결   \14
02 적게 먹고 크게 손절하는 나는 원칙주의자   \19
03 손절매 잘할 생각 말고 손절매 안 할 종목과 타이밍을 사라!   \22
04 중·장기 주식투자에서 손절매해야 할 패턴과
    하지 말아야 할 패턴   \28
05 내가 산 종목의 몸값은 중요하지 않다?   \35
06 쌀 때 못 사고 비쌀 때만 산다. 그것도 매우 비쌀 때 산다   \38
07 주가에는 3가지 영역이 있다.
    이것만 알아도 큰 돈을 잃지 않는다   \41
08 최대 실직 종목보다 최악의 실적을 보인 종목에 투자하라   \48

큰 투자 성과를 올리기 위해
사자처럼 투자하는 비법들

01 우리는 개미가 아니다. 사자처럼 투자하고 거북이처럼 간다 \56

02 황금바닥이란 무엇인가? \64

03 주식투자에서 가장 이상적인 고수익 구조를
    반드시 알아야 한다 \70

04 역대급 폭락은 절대로 놓칠 수 없는 역대급 기회다!
    무엇을 살 것인가? \82

05 중·장기 투자할 때 피해야 할 주식과 사야 할 주식 \92

06 바닥주에 낚싯대 여러 개를 던져두고 주식어부가 되자 \97

07 돈되는 만큼 낚싯대를 던져두고 고기가 물면 흙타기(불타기)로
    수익을 극대화한다 \103

놓칠 수 없는 뻔한 승부들과 황금바닥 잡는 방법

01 뻔한 승부에 시간과 정성을 아낌없이 쏟아부어라! \110
02 삼성전자, 삼성SDI, 삼성전기 황금바닥 턴어라운드 타이밍 분석 \120
03 10년 만에 찾아온 현대차 투자 기회! 황금바닥 투자 사례 \131
04 2차전지 소재 포스코케미칼, 엘앤에프 역대급 대박을 잡아라 \138

주가는 실적에 선행하고 수급은 주가에 선행한다

01 '돈주따' 기초 수급 분석으로 전략을 세우자 \148
02 주가상승의 변곡점은 수급의 변곡점으로 잡아라! \156
03 양음 블록을 이용해 주가상승이 변곡점을 잡아보자 \166
04 수급 박스로 수급의 변곡점 타이밍을 잡아라! \175
05 실적 박스로 실적의 변곡점 타이밍을 잡아라! \180

돈 잃기 힘든 뻔한
머니게임, 공모주와 스팩

01 평생 써먹는 공모주 투자 비법   \188
02 공모주 상장 이후 두 번째 수익을 잡아라!   \195
03 스팩을 통해 안정적인 수익 스팩 쌓기   \203
04 스팩으로 실전에서 100% 이기는 비법   \212

Chapter 1

주식투자로 돈벌기 위해 미리 준비해야 할 습관들

01

성공투자의 3대 요소와 주식으로 돈버는 비결

많은 사람이 제게 묻는 질문이 있습니다. 주식으로 어떻게 돈을 벌고 성공 투자를 할 수 있는지 말이죠. 사실 제 대답은 항상 똑같습니다. 한결 같습니다. "주식으로 큰 돈을 벌려면 매매하면 안 되고 장타를 칠 수 있어야 한다." 그러니 장타를 칠 수 있는 주식투자를 하시라는 권유를 하게 됩니다. 물론 단타를 잘하는 사람도 많지만 이 책은 단타를 권하지 않고 단타를 잘하는 방법을 알려주지도 않습니다. 주식은 이론만 공부한다고 되지 않습니다. 지식은 기본이고 수많은 경험과 노하우, 자신만의 확고한 투자철학이 필요하죠.

주식투자로 큰 성과를 내는 것은 사실 쉬운 일이 아니지만 절대로 불가능한 일도 아닙니다. 우선 대중과 다른 생각을 해보세요. 대부분의 투자자가 생각하는 것 말고 그들이 보고 싶어하지 않는 것, 보지 않는 것, 좋아하지 않는 것, 그들이 사지 않는 타이밍을 고민하세요.

이런 경우가 있었습니다. 투자자 A 씨는 B라는 종목을 샀습니다. 제가 볼 때 너무나 바닥에서 잘 샀고 1년 동안만 투자하면 큰 수익을 안겨줄 종목으로 판단되지만 그는 거기까지 가져갈 확신이 없습니다. 그리고 재미있는 것은 주변에서 그를 가만 놔두질 않는다는 겁니다. 그의 친구들은 "요즘 누가 그런 주식을 사니? 지금은 이런 주식을 사야지", "지금 이 주식들이 대세인 거 몰라?"라고 말합니다. 또한 증권경제TV, 유튜브, 블로그, 증권뉴스 등을 아무리 찾아봐도 그가 투자한 종목을 좋게 평가하는 곳이 없습니다. 그렇습니다! 대부분의 대중이 관심을 가진 종목이 사실 시장의 인기주입니다. 하지만 물속 바닥에 있는 종목이 인기가 있는 것을 본 적 있나요? 없을 겁니다.

2020년 초 LG화학 주가는 23만 원까지 폭락했습니다. 누가 보더라도 낙폭과대였지만 실제로 그로부터 최소 몇 배가 오른 상태에서 투자한 경우가 대부분이었습니다. 주가는 1년 동안 3배나 올랐지만 단타 매매자들은 대부분 큰 성과를 올리지 못했습니다. 여기서 재미있는 이야기를 하나 들려드립니다.

증권경제TV는 시청률 증가를 위해 지금 가장 핫한 종목과 대부분의 투자자가 관심을 가진 업종과 종목을 이야기하는 것이 당연하고 기자들도 인기 없는 종목의 기사는 내지 않습니다. 유튜브와 블로그도 그런 종목은 잘 다루지 않습니다. 이유는 간단합니다. 대중이 좋아하는 종목을 다루고 언급해야 시청률이 오르고 인기도 생기니까요. 이때 현명한 투자의 대가는 대중과 반대 행보를 보이며 그들보다 앞선 투자를 합니다. 항상 다수보다 소수에 속하기 위해 노력해야 합니다. 투자는 외로운 길이고 불확실한 미래의 성과를 추종해야 합니다. 지금 당장은 인기가 없더라도 남보다 앞서가려는 노력을 외롭게 계속해 나가는 것이 투자의 대가가 되는 길입니다. 그것을 습관화하면 결국 성공투자를 꾸준히 하게 되고 손실을 입더라도 큰 충격을 받지 않을 것입니다.

주식시장에 투자자 1,000명이 있다면 그들 모두 공평하게 돈을 벌 수 있을까요? 물론 가끔 찾아오는 대세 상승장에서는 가능하겠지만 기본적으로 주식시장은 '제로 섬 게임(Zero Sum Game)'입니다. 누군가 주식으로 돈을 벌면 누군가는 잃죠. 항상 큰 투자수익은 대중이 아닌 소수의 몫입니다. 냉정히 말해 내 주머니를 수익금으로 채우려면 뒷북치는 많은 신선한 투자자가 필요하다는 말이죠. 저는 "너무 순진하게 주식투자를 하지 마세요!", "그들의 말을 너무 믿지 마세요!"라고 항상 말합니다. 물론 저도 그들 중 한 명일 수 있는데 제 고객과 구독자 여러분이 판단하시기 바랍니다.

저는 주식 성공투자의 3가지 요건을 '돈, 시간, 정성'이라고 말합니다. 여기에 더 필요한 것이 배짱과 확신입니다. 우리는 피 같은 돈을 바닥과 시간에 투자하며 정성을 쏟고 성과를 기다립니다. 여기서 가장 중요한 것은 시간입니다. 주식을 산 지 하루이틀만 주가가 안 움직이거나 하락하면 당황하는 투자자가 있습니다. 물론 주식투자를 하는 사람이 아니죠. 주식매매, 단타를 하는 사람일 겁니다. 그런 투자자가 과연 큰 성과를 낼 수 있을까요?

모든 투자에는 돈, 시간, 정성을 쏟아부어야 합니다. 정성은 희로애락(喜怒哀樂)이 모두 담겨 있습니다. 희로애락이 뭔가요? '기쁨, 분노, 슬픔, 즐거움'이라는 인간의 감정입니다. 즉 좋을 때, 나쁠 때, 답답할 때, 울고 싶을 때 등등 우리는 주식투자를 하며 평소 경험하지 못한 오만 가지 감정의 롤러코스터를 탑니다.

돈을 투자하는 게임일수록 기교나 기술도 중요하지만 강한 멘탈과 '타짜' 근성이 필요합니다. 저는 주식으로 돈을 벌었을 때나 잃었을 때나 표정관리를 하라고 자주 말합니다. 특히 돈을 잃었을 때 표정관리를 못하면 이 판에서 절대로 꾸준한 성과를 올릴 수 없습니다. 즉 여유를 가지라는 뜻입니다. 주식은 여유 있는 사람이 조급하고 조바심내는 사람의 돈을 빼앗아 먹는 게임이라는 것을 명심해야 합니다.

그리고 성공투자의 요건을 제 투자 방법에 접목하면 자주 반복해 강조하는 결론은 다음과 같습니다. "망하지 않을 회사가 가장 최악일 때 소중한 돈을 투자하고 그 회사가 좋아질 즉 턴어라운드할 시간을 주고 그동안 정성을 쏟고 성과를 기다리는 투자를 하십시오."

주식투자 경력이 있는 분들은 수년 이상 주가가 장기 하락하고 다시 장기 상승하는 패턴이 반복된다는 것을 알 겁니다. 그동안 주식시장에 그만큼의 수업료는 지불했을 거라고 생각하니까요. 하지만 이런 투자 방법 중 가장 조심해야 할 것은 앞에서 언급한 조급증입니다. 주식시장의 변동과 종목의 일일 변동을 보면 확신을 갖고 투자하는 것이 어려울 수도 있습니다. 주식투자의 수익은 근심과 걱정의 벽을 타고 오른다고 했습니다. 확신이 없는 투자로는 큰 성과를 올릴 수 없고 조바심과 조급증은 여러분을 절대로 멀리 갈 수 없게 할 겁니다. 확신을 갖고 조급증을 버리십시오. 그것이 여러분이 이 시장에서 큰 성과를 거둘 수 있는 기본입니다.

앞에서 말씀드린 성공투자의 요건 외에 중요한 이야기가 있습니다. 저는 좋은 투자습관을 주식투자를 그만두는 날까지 꾸준히 반복하라는 의견을 자주 드립니다. 대부분 자신이 잘하고 익숙한 일로 큰 손해를 보거나 실패하는 경우는 적습니다. 반대로 해보지 않거나 익숙하지 않은 일에서 큰 손해를 보거나 실패하는 경우가 많습니다. 결국 좋은 투자 습관이 오래 지속되면 꾸준한 투자 성과를 만들어줄 겁니다.

다음은 주식을 잘하는 2가지 방법입니다. 첫째, 자신이 주식투자의 '타짜'가 되는 겁니다. 물론 쉽지 않습니다. 둘째, 좋은 친구를 사귀는 겁니다. 좋은 멘토를 두는 거죠. 이 시장에는 여러분의 성향에 맞는 좋은 친구가 분명히 있을 겁니다. 나를 절벽에 세우지 않을 친구를 사귀십시오. 세상 모든 일과 어떻게 성장을 시작했는지가 중요하듯 주식도 처음 시작할 때 누구의 영향을 받고 누구의 투자 스타일을 배웠는지가 매우 중요합니다. 주식은 주식서적 100권을 읽는다고 되지 않습니다. 오랫동안 시행착오를 겪으면 투자자금은 당연히 줄고 스트레스로 건강까지 해치는 경우도 많습니다. 지금 당신의 투자자금과 성향에 맞는 가장 좋은 친구, 투자 멘토를 찾아 그의 투자 방법을 추종하는 것이 가장 확실하고 빠른 성공투자의 지름길이라고 생각합니다.

02

적게 먹고 크게 손절하는 나는 원칙주의자

적은 수익을 내고 크게 손절하는 분의 투자 방법이나 매매 방법은 안 봐도 그 이유를 알 수 있습니다. 가장 큰 이유는 자신감 부재입니다. 자신이 선택한 종목과 타이밍에 자신이 없습니다. 그래서 수익이 나도 멀리 갈 수 없고 작은 수익도 놓칠까 걱정돼 주식을 팔게 됩니다. 자연스럽게 주식투자는 단기매매가 됩니다. 그런데 그들이 착각하는 것이 있습니다. 적게 벌고 크게 잃는 이유를 주식을 좋은 타이밍에 사지 못하거나 빠른 손절매를 못해서라고 생각하는 분이 많습니다. 그중 최악은 빠른 손절매라고 생각합니다. 그만큼 여러분의 선택을 빨리 포기한다는 거죠.

정말 안타깝습니다. 대부분 주식을 시작할 때 책 한 권은 읽어보는데 대부분의 투자자가 투자할지 매매할지 결정하고 시장에 들어오지 않습니다. 또한 투자와 매매가 다르다는 것을 아무도 알려주지 않습니다. 대부분 주식책은 손절매를 성공투자의 원칙으로 소개합니다. 다른 것은 지키지 않아도 되지만 이 원칙만큼은 반드시 지키라고 하는데 저는 그 점에 동의하지 않습니다. 손절매를 몇 번 연속해 손실 처리하면 주식 못합니다. 계좌 잔고가 많이 줄고 당연히 자신감도 잃다 보면 작은 수익에도 목마르게 되죠. 그래서 큰 수익을 못 내고 작은 수익에 연연하는 겁니다. 단 몇 %만 올라도 그 수익을 챙기려고 주식을 팝니다. 손실도 빨리 끊고 빨리 포기하게 되죠.

주식을 하다 보면 손실이 나게 되어 있습니다. 그럼 그때마다 손절매한다고요? 그렇게 반 년만 하다 보면 투자 원금의 절반 이상을 쉽게 잃는 경우가 많습니다. 그래서 저는 손절매를 하지 말라고 말합니다. 손절매하지 않을 주식과 타이밍 그리고 손실을 보면서 주식투자를 하는 거라고 말합니다. 이 내용은 후반부에서 자세히 소개하겠습니다.

"손실을 봐도 팔지만 않으면 손실이 난 것이 아니다!"라는 말을 들어 보셨나요? 누군가는 금방 포기하지만 누군가는 끈질기게 물고 늘어지며 성과를 기다릴 거라고 생각합니다. 여러분이 처음 주식을 시작하면서 세웠던 원칙 중에는 실제 투자에서 버리거나 지양해야 할 원칙이 있을 겁니다. 그것을 잘 고민해야 합니다. 여러분이 보유한 종목의 주가가 해당 기업의 악재 때문에 하락하는 경우 대부분 시장과 주가의 관계 때문입니다. 증시가 하락하면 대부분의 종목은 변동이 생기거든요.

하루이틀 내리고 다시 하루이틀 오르거나 일주일 내렸다가 다시 일주일 오를 수도 있는 것이 주가입니다. 또한 오전에 증시가 급락하다가 오후에 다시 급반등해 제자리를 찾는 경우도 있는데 그때마다 지지선이나 이평선을 이탈한다고 손절매하는 것은 정말 호구의 주식투자 방법입니다.

주식시장에는 항상 화창한 날만 있는 것이 아닙니다. 비가 내릴 때가 많아요. 부슬비나 소나기, 긴 장마도 있습니다. 주식시장 대부분의 투자자는 비를 맞습니다. 비를 맞을 때마다 옷을 던져버리는 투자 방법은 현명하지 않습니다. 이럴 때 저는 가만히 있으라고 말합니다. 시간이 지나면 젖은 옷은 마르니까요. 물론 어떤 옷을 입고 있느냐도 중요합니다. 그래서 우리는 잦은 매매를 피하고 주식투자를 하는 것이고 저평가된 바닥주에 투자하는 것입니다.

이제 크게 먹고 손절매를 안 하는 방법을 연구해야 합니다. 그것이 주식투자를 오랫동안 하면서 크고 작은 성과를 만들어가는 방법입니다. 많은 분이 황금 바닥주에 투자하는 이유를 묻습니다. 그럼 저는 "손절하기 싫어서요. 손해보고 주식을 파는 것이 가장 싫습니다."라고 말합니다. 또한 가장 쌀 때 사서 가장 비쌀 때 팔고 싶고 대중보다 먼저 투자하고 싶어서라고 대답합니다.

여기서 저의 주식투자 원칙 하나를 알려드립니다. 저는 "망하지 않을 회사가 가장 최악일 때 주식을 사 가장 좋을 때까지 투자합니다." 이 투자 원칙의 자세한 내용은 후반부에서 자세히 설명하겠습니다.

03

손절매 잘할 생각 말고
손절매 안 할 종목과
타이밍을 사라!

주식매매를 가르치는 사람들이 공통적으로 강조하는 내용이 있습니다. 손실을 최소화하라는 건데 이때 강조되는 것이 손절매입니다. 주식으로 돈버는 기술과 이론을 배우기 전에 배우는 손절매가 여러분의 주식투자 인생에 처음부터 등장합니다.

손절매는 앞으로 주가가 더 하락할 것이 예상되거나 단기간에 주가 상승의 성과가 나지 않을 때 매수가격 대비 손실을 감수하고 주식을 파는 것입니다. 손실을 최소화하고 빨리 다른 기회를 잡거나 불확실한 미래에 대한 빠른 리스크 관리라는 논리입니다. 손절매는 필요하다, 필요 없다 의견이 분분한데 정답은 없습니다. 자신의 투자 성향이나 상황 등을 감안해 결정하면 됩니다.

결론부터 말해 저는 웬만하면 손절매를 안 합니다. 사실 지나보면 종목을 잘못 사 돈을 잃기보다 작은 변동과 일시적 충격, 뇌동매매 등으로 손절매해 돈을 잃는 경우가 더 많습니다. 저는 주식투자에서 손절매 가능성이 있는 종목은 잘 사지도 않습니다. 주식을 시작하면서 자신이 주식투자를 위해 주식시장에 들어온 것인지 주식매매를 위해 들어온 것인지 결정하지 못한 경우가 대부분입니다.

저는 주식투자와 주식매매는 애당초 태생이 다르다고 말합니다. 주식투자 기술 또는 주식매매 기술을 배우기 전에 여기서 중요한 것은 내가 무엇을 하려고 하느냐입니다. 주식매매 소위 트레이딩 전문가는 당연히 손절매를 합니다. 손실을 빨리 끊어 향후 추가손실을 피하고 새로운 종목과 매매 기회를 잡으려고 합니다.

이때 많은 사람이 기회비용을 말합니다. "언제 오를 줄 알고 중·장기 투자를 하나? 시간 낭비이고 그 시간만큼 기회비용을 날리는 것이다."라고 많이 말합니다. 단기매매하는 사람들은 생각해볼 내용이지만 중·장기 투자자에게는 종목 투자도 중요하지만 시간투자도 반드시 병행되어야 합니다.

보통 주식서적 한두 권만 읽어보고 주식을 시작하거나 최근에는 유튜브를 통해 주식을 많이 접하는데 대부분 매매기술로 손절매의 중요성을 강조합니다. 물론 중요한 부분이지만 손절매를 몇 번 연속하면 투자원금 회복은 생각처럼 쉽지 않습니다. 재미난 이야기로 주식을 시작해 처음 한두 번 수익을 낸 후로 손절매만 하다가 주식매매를 접었다는 분들도 계십니다.

손절매 폭을 짧게 잡아 매수가 대비 -3~-5% 폭에서 손절매하는 경우 대세 상승장을 제외하면 매일 손절하게 될 겁니다. 또한 증시에서 개별종목의 일일변동은 여러분이 정확히 박자를 맞춰 사고팔기가 쉽지 않습니다. 손절매 폭을 -10%로 잡아봅시다. -10% 이상 손실 시 손절매할 경우 언급한 대로 몇 번의 손절매로 투자원금의 1/3 또는 반토막나는 길을 가장 빨리 경험할 겁니다. 앞에서 말한 대로 저는 주식투자자들에게 손절매를 권하지 않습니다. 실제로 저는 웬만하면 손절매를 안 합니다.

==제 주식투자 원칙이 있습니다. 그중 하나는 손절매하지 않을 주식을 사고 손절매하지 않을 타이밍에 사고 손절매해야 할 경우 비중 조절 후 추가매수 또는 기존 보유 주식으로 승부를 계속 이어가는 것입니다.==

물론 매우 예외적인 상황은 있을 수 있겠죠. 그런데 보통 주식매매를 처음 시작하는 투자자 입장에서는 주식을 시작하면 돈버는 것보다 더 중요한 것이 내 돈을 최대한 지키는 것이라고 어디선가 배우게 됩니다. 실제로 그렇게 마음먹고 시작합니다. 맞는 말이지만 이론과 실전은 전혀 다르다는 것을 곧 깨닫게 됩니다. 몇 번의 빠른 손절매로 손실이 나면 그 손실을 빨리 복구하기 위해 더 많은 위험한 승부를 감수하고 더 깊은 손실의 늪에 빠지는 경우가 다반사죠.

여기서 여러분이 공감할 만한 제 가까운 지인 이야기를 하겠습니다. 제 투자원칙 중 하나는 뭘 사라거나 주식 이야기를 가족, 친척, 친구, 선후배에게 절대로 하지 않는다는 겁니다. 물론 주식전문가 생활 초기에는 많이 이야기해줬습니다. 친구나 후배에게 투자 유망종목을 알려주면 그 회사 직원과 지인이 그 주식을 사들이는 상황이 벌어진다는 것도 나중에 알게 되었는데 그 종목이 큰 수익이 나 좋은 것보다 그 주식이 답답한 상황이 되거나 손실이 났을 때 그들보다 내가 잃는 것이 더 많았습니다. 저는 일찍 이것을 깨닫고 고객과 회원이 아니면 주식 이야기를 아무데서도 꺼내지 않는 저만의 원칙을 만들었습니다.

몇 년 전 동생을 만났는데 1억 원을 주식에 투자해 3억 5천만 원을 만들었다고 했습니다. 그때 그 녀석의 자신감은 엄청났죠. 이제 그 돈으로 곧 10억 원을 만들 수 있다고 자신했습니다. 그런데 정확히 1년 반 후 다시 연락 온 동생의 말에 귀를 의심했습니다. 1억 원으로 3억 5천만 원을 만들었을 때 동생의 와이프는 그 돈을 집사는 데 보태자고 했는데 한창 자신감이 붙은 동생은 곧 10억 원을 만들어볼 테니 지켜보라고 했답니다.

이후 동생이 새로 사들인 종목들의 손실이 -30% 이상 나기 시작했고 -40%가 넘는 상황에서 더 이상 못 버티고 과감히 손절매했다고 합니다. 제가 보니 상승장에서 돈을 많이 벌고 그 기분에 취해 엄청나게 오른 급등주를 매수했더군요. 그리고 본격적인 하락장이 시작되었고 사들인 종목도 떨어질 일만 남았죠.

동생은 손실 복구를 위해 본격적인 주식매매를 했답니다. 조급했던 거죠. 이후 1년 반 동안 수많은 매매를 했고 손실이 나면 빠른 손절매, 다시 매수, 짧은 수익 그리고 다시 큰 손실을 감수한 급등주 추격매수와 손절매 등을 반복했고 결국 지금 남은 돈은 1,500만 원이라고 했습니다. 정말 비싼 수업료를 지불한 거죠. 한두 번 손실을 보니 매수가격 대비 -5%만 떨어져도 바로 손절매했다고 합니다. 동생이 큰 돈을 번 것은 긴 시간투자 덕분이었고 대부분의 투자자금을 잃은 것은 급등주 단타매매에 집중했기 때문이었습니다.

내가 동생에게 "그럼 -30% 손실이 났을 때 손절매하지 않고 지금까지 들고 있었다면 지금 투자금은 얼마 정도니?"라고 묻자 약 -15%라고 대답했습니다. 그럼 1년 반 동안 힘든 시간은 있었지만 현재 약 3억 원의 투자금이 남아 있다는 것이었죠. 동생은 그 경험으로 많은 것을 깨달았다고 했지만 이미 그만큼의 새로운 투자를 할 여유는 사라진 것이죠.

제가 말하고 싶은 것이 이것입니다. 내가 왜 단타, 급등주, 이미 수백% 또는 수년 동안 오른 주식을 사지 않는지 말입니다. 단타하는 사람들에게는 손절매가 필수이겠지만 제 투자 방법에서는 필수가 아닙니다. 저는 주식으로 돈을 벌려면 손절매를 하지 말라고 말합니다. 그럼 "손절매를 안 하려면 어떤 투자를 해야 하나요?"라고 질문합니다. 그럼 저는 바닥주에 투자하고 손절매 안 할 주식과 타이밍을 사라고 말합니다.

이미 수백% 급등했거나 수년 동안 주가가 올랐거나 지금 가장 화려하다고 판단되는 종목은 사지 않습니다. 이미 늦었으니까요. 이런 투자 마인드는 여러분이 손절매를 안 하게 해줍니다. 웬만해서는 손절매하지 않을 주식투자를 하고 투자할 종목은 가볍고 시총이 작은 종목보다 시총이 큰 중대형주를 사고 많이 오른 종목보다 많이 떨어진 종목 중 지금이 최악이거나 최악에서 벗어나는 종목을 사면 됩니다.

매우 심플한 저만의 투자원칙이 있습니다. 손절매를 안 하려면 바닥에서 사 주가가 떨어지면 기다리거나 좀 과도하게 하락하면 그 주식을 천천히 더 매수합니다. 그리고 투자한 회사가 가장 좋아질 때까지 투자를 계속합니다.

저는 주식투자를 부동산 투자처럼 하라고 말합니다. 부동산투자로 손절매하는 경우는 얼마나 될까요? 생각해 보시죠. 덧붙여 '황금바닥 덩어리'라는 표현을 자주 씁니다. 제 고객이나 구독자 분들은 제가 덩어리라는 표현을 자주 쓰는 것을 들었을 겁니다. 바닥에 있는 주가 덩어리(가격 밴드)를 의미하고 그 덩어리에서 주식을 분할매수하고 주가가 그 덩어리를 아래로 벗어나면 추가매수를 준비합니다. 유튜브에 업로드한 영상을 참고하시기 바랍니다.

단기매매가 아닌 중·장기 투자에서는 손절매를 해야 하는 패턴과 하지 말아야 할 패턴이 있는데 간단히 설명하면 다음과 같습니다.

주가가 상승 추세를 오래 지속한 후 하락 전환하거나 단기간에 수백% 상승을 보인 종목이 하락반전을 시작하는 경우 뇌동매매 또는 고점 추격매수한 종목은 손절매를 고려해야 합니다.

반면, 주가가 장기간 하락 추세를 지속한 후 상승 전환하거나 단기간에 반토막 이상 하락한 종목으로 이제 하락세를 마무리하고 상승 반전을 시작하는 경우 일시적인 조정이 있더라도 손절매를 고려하지 않는 것이 맞습니다.

관련 패턴을 그림으로 보시죠.

04

중·장기 주식투자에서 손절매해야 할 패턴과 하지 말아야 할 패턴

단기매매가 아닌 중·장기 투자 시 손절매해야 할 패턴과 하지 말아야 할 패턴의 사례를 보시죠.

사례 1 중·장기 급등 후 하락 반전, 반드시 손절매해야 할 패턴

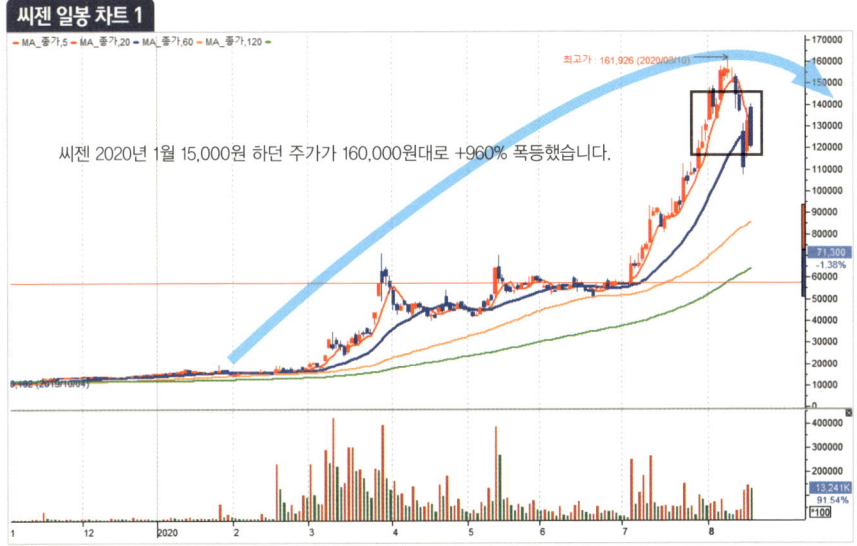

이 종목은 2020년 1월부터 8개월 동안 960%나 단기 폭등했습니다. 초기 또는 상승 중기에 매수하지 않고 이미 고가권에서 주식을 샀다면 주가가 조정을 시작하거나 기술적으로 20일 이평선 이탈 시점에서 과감히 손절매해야 할 경우입니다. 말이 10배지 10배나 오른 주식을 따라 사는 것이 가장 큰 문제입니다. 보통 이렇게 폭등하면 더 오를 수도 있지만 곧 떨어질 일만 남습니다. 결국 주가는 다음 그림처럼 거품이 빠지며 하락합니다. 따라서 네모 박스 구간에서는 상황에 따라 반드시 손절매해야 합니다.

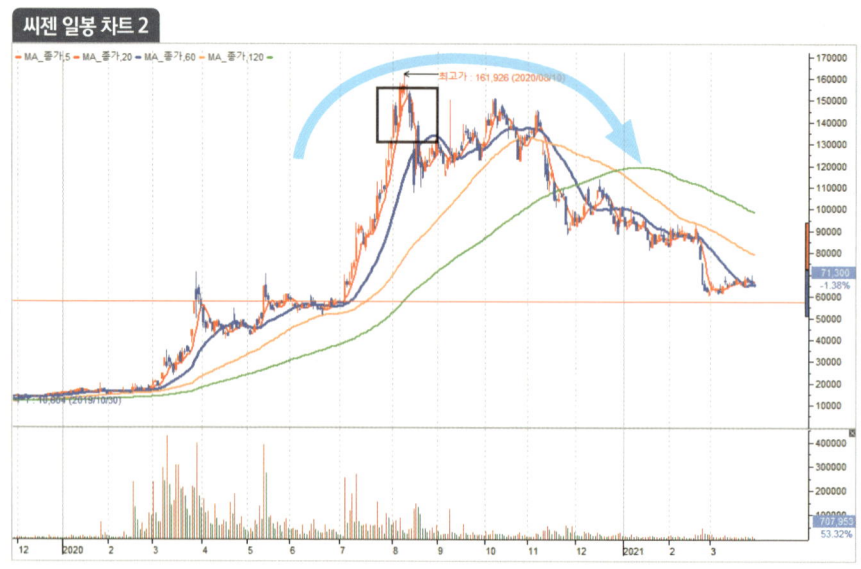

사례 2 중·장기 급등 후 하락 반전, 반드시 손절매해야 할 패턴

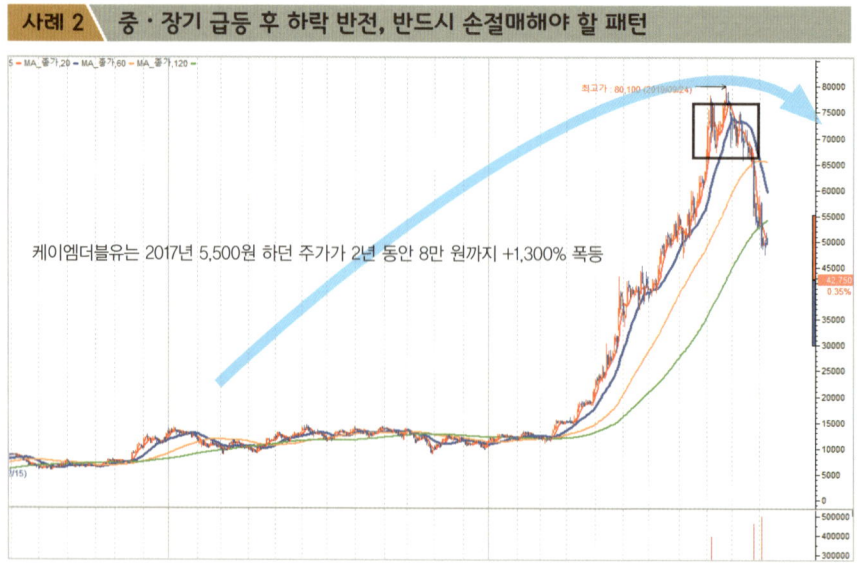

케이엠더블유는 2017년 5,500원 하던 주가가 2년 동안 8만 원까지 +1,300% 폭등

동사는 2년 동안 1,300%나 대폭등했습니다. 하지만 많은 투자자가 7만 원이 넘는 가격에도 매수합니다. 이렇게 수백% 이상 오른 종목은 비슷한 패턴을 보입니다. 장기 또는 단기 폭등 후 거품이 빠지기 시작할 때 무섭게 떨어지는 것입니다. 이런 패턴으로 가는 종목은 반드시 손절매를 염두에 둬야 합니다. 물론 이미 오른 종목이 중·장기 투자에 맞는 종목도 아니겠죠. 제가 자주 말하는 "쌀 때 사 비쌀 때 팔라"라는 격언이 생각나는 패턴입니다.

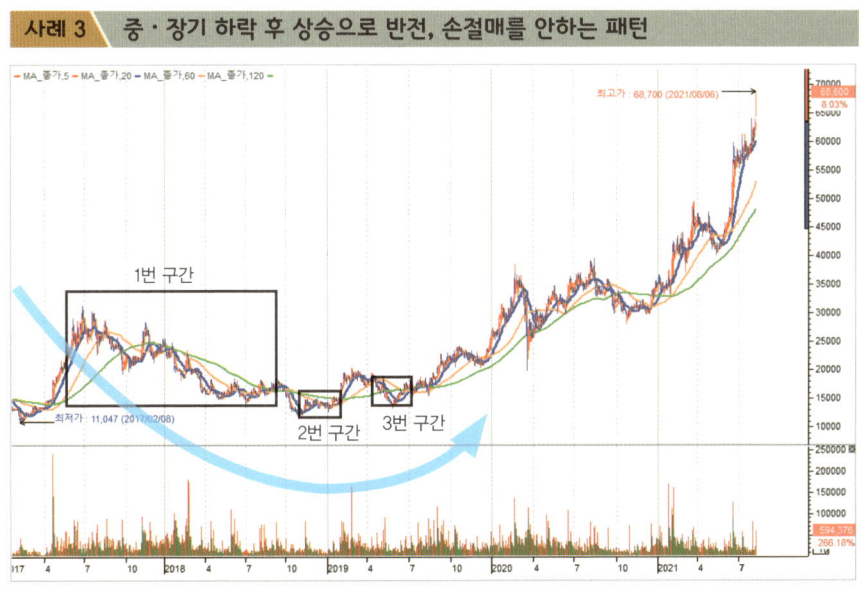

사례 3　중·장기 하락 후 상승으로 반전, 손절매를 안하는 패턴

　덕산네오룩스 일봉 차트입니다. 실제로 제가 바닥주 투자를 권했던 시점의 이전, 이후를 잘 보여줍니다. 2017년 저점 11,000원부터 5개월 동안 31,000원까지 180% 급등했습니다. 이때 늦었다는 판단에 사지 않았는데 이후 주가는 거품이 본격적으로 빠지기 시작했습니다. 저는 보통 종목을 정해 두고 바닥이 올 때까지 기다리는 스타일인데 2017년 6월부터 2018년 4분기

까지 약 1년 반 동안 주가하락을 보였습니다. 1번 구간입니다.

2번 구간이 바닥의 덩어리로 투자를 시작한 2018년 12월과 2019년 1월입니다. 장기 하락 후 턴어라운드 초기입니다. 이때 중장기로 가는 건데 주가가 하락하더라도 손절매하지 않습니다. 우리는 턴어라운드가 예상되는 바닥주에 투자 중이니까요. 이후 주가가 오르다가 3번 구간에서 시황의 영향으로 급락했습니다.

사실 이 대목을 설명하는 건데요. 이때 우리가 투자를 시작한 가격은 14,000~15,000원이었습니다. 예상대로 주가가 크게 오르기 시작하더니 3번 구간에서 급락이 나왔습니다(이때 증시가 단기 급락한 영향이었습니다). 하락 초기에 주식을 매도하지 않았다면 이후 추가하락이 진행되는 상황에서 손절매가 당연히 고민되는 구간이지만 손절매하지 않습니다. 오히려 추가 매수하거나 신규 매수 기회로 삼습니다.

이유는 간단합니다. 이미 1년 반 동안 충분한 조정을 보였고 추후 설명하겠지만 이미 주가와 실적 모두 바닥 구간이었기 때문입니다. 그리고 그림의 화살표 방향처럼 장기 하락 후 상승으로 턴하는 모습을 보일 때는 일시적으로 주가가 하락하더라도 손절매하지 않습니다.

사례 4 중·장기 하락 후 상승으로 반전, 손절매를 안 하는 패턴

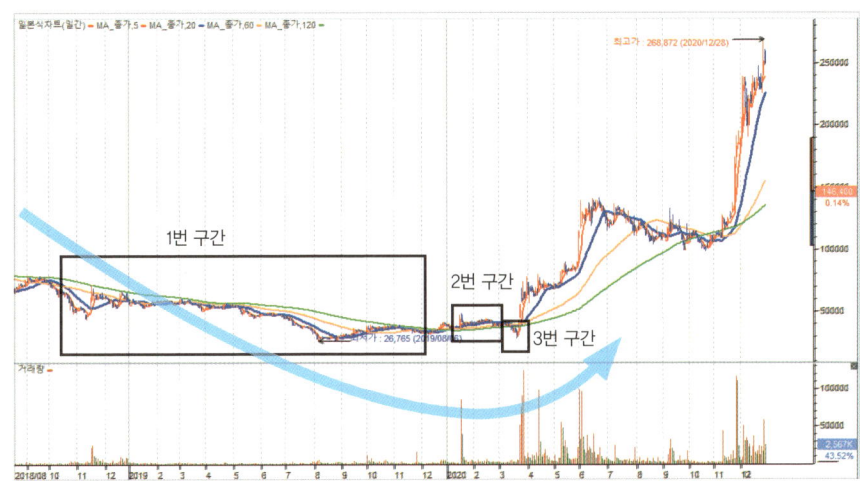

셀트리온제약 일봉 차트입니다. 이 주식도 제가 바닥에서 투자한 종목인데 바닥 투자 이후 주가가 떨어졌습니다. 하지만 손절매 없이 역발상의 기회로 중장기적으로 큰 투자성과를 올린 종목입니다. 여러분도 차트를 열어 2017~2020년 흐름을 보면 중·장기 투자 시 손절매해야 할 패턴과 하지 말아야 할 패턴을 알 수 있습니다.

이 종목은 2017년부터 대세상승을 시작했습니다. 당시 제약, 바이오는 고령화 시대의 최대 수혜주로 폭등한 상태였고 이후 2018년 1월 대부분 고점을 만들었습니다. 위 차트는 2018년 10월부터 보일 겁니다. 1번 구간은 2018년 1월 고점부터 하락하기 시작해 2019년까지 대세하락을 진행한 구간입니다. 쉽게 말해 2017년 하반기부터 6개월 동안 5배나 올랐으니 그동안 너무 폭등한 거품이 빠진 시기입니다.

2번 구간은 바닥을 치고 턴어라운드를 시작하는 시점으로 우리가 투자를 시작한 가격대인데 40,000~44,000원 구간입니다. 그런데 이때 주가는 갑자기 급락을 맞았습니다. 2020년 코로나19 팬데믹의 영향이었죠. 주가는 3만 원까지 급락했습니다. 사실 고민되는 구간입니다. 하지만 우리는 원칙대로 진행했죠. 이 회사는 망하지 않을 회사이고 가장 최악에서 벗어나는 시기에 투자를 시작했는데 돌발적인 증시 상황으로 급락한 주식을 손절매해야 하느냐? 아닙니다.

   3번 구간은 추가 매수와 신규 매수를 진행한 자리입니다. 앞의 중·장기 투자에서 손절매하거나 매도하고 그 종목을 떠나야 할 경우와 이렇게 중·장기 하락 후 상승으로 턴어라운드하는 경우는 전혀 다릅니다. 또한 턴어라운드할 경우 일시적인 눌림목이나 증시 상황 변수로 일시적인 조정이 있을 수 있지만 이런 경우 우리는 손절매하지 않습니다. 결국 이후 동사 주가는 2020년 저점 대비 9개월 동안 268,000원까지 790%나 올랐고 큰 성과를 올렸습니다.

05

내가 산 종목의 몸값은 중요하지 않다?

주식 초보 중에는 이런 분이 많습니다. 자신이 보유한 종목의 시가총액이 얼마인지, 하루 거래대금이 얼마인지, 동전주인지, 우량주인지 관심이 없습니다. 우선 주식은 다 똑같다고 생각하는 분들이 계시죠. 시총 1조 원짜리가 5% 오르는 것과 시총 1천억 원짜리가 5% 오르는 것이 같다고 생각하는 분들도 계시죠. 또한 시가총액 자체를 보지 않는 분들도 계십니다. 소위 몸값부터 애당초 다른데 말이죠. 현재 급등 중인 종목의 거래대금이 얼마인지, 자신이 보유한 종목의 하루 거래대금이 얼마인지 관심이 없는 분들이 많습니다.

사실 이것은 제 주식투자에서 매우 중요합니다. 10만 원짜리 1주와 1,000원짜리 100주 중 선택하라면 초보투자자 주린이의 상당수는 후자를 선택합니다. 왜? 주식 수가 많으니까요. 하지만 제 투자 방식은 반대입니다. 투자할 종목의 시가총액, 주가, 거래대금은 많은 것을 여러분에게 간접적으로 시사합니다.

시가총액 10조 원짜리 회사와 500억 원짜리 회사 중 상장폐지될 가능성이 높은 쪽은? 어느 회사가 더 투명하게 운영되고 있을까요? 그 속을 정확히 알 수 없으므로 1차적으로 투자 안전성을 감안해 시가총액을 따져야 합니다. 이것이 안전한 주식을 선정하는 가장 쉬운 방법이니까요. 시가총액은 현재의 주가에 발행주식 수를 곱한 것이지만 기본적으로 회사의 안전도와 시장에서의 몸값을 설명합니다. 안전해야만 오래 투자할 수 있고 가장 싸다고 판단될 때 망설임 없이 투자할 수 있습니다. 또한 시장의 메이저 투자자도 시가총액을 따지며 프로그램매매에도 당연히 이 부분이 적용됩니다.

우리만 그렇게 생각하는 것이 아닙니다. 외국인 투자자와 기관투자자도 안전성이 담보된 종목에 투자합니다. 초보투자자는 투자를 시작할 때 시가총액이 클수록 안전한 회사라고 봐야 합니다. 싸게 사고 비싸게 사고 저점에 사고 고점에 사는 것은 그 다음 문제입니다. 저는 초보투자자에게 우선 거래소의 경우 1조 원 이상 종목에 투자할 것을 권합니다.

거래대금도 중요합니다. 하루 거래대금이 1억 원이라면 이런 종목은 초보투자자가 피해야 할 종목입니다. 팔고 싶어도 팔기 힘들고 큰 자금으로 매수하기는 더더욱 어려우니까요. 보통 매우 가볍게 급등락하는 경우가 이런 종목에서 발견되고 가끔 차트를 보면 일봉상 몸통보다 항상 위아래 꼬리가 바늘처럼 긴 종목이 그런 유형입니다.

지금부터 제가 투자하려는 종목의 시가총액, 일일 거래대금 그리고 동전주나 천 원짜리 주식은 피하기 바랍니다. 이런 종목은 투자자에게 간접적으로 많은 것을 경고하니까요. 저는 거래소 종목의 경우 시가총액이 최저 1조 원 이상인 바닥주 투자를 하고 있고 코스닥의 경우 최소 수천억 원은 되어야 투자를 고려합니다.

06

쌀 때 못 사고 비쌀 때만 산다. 그것도 매우 비쌀 때 산다

주가가 쌀 때는 우선 확신이 없습니다. 그리고 주가하락이 계속되는 종목에는 관심이 없습니다. 무섭고 어디가 바닥이고 저점인지 몰라 더더욱 관심과 확신이 없어집니다. 개인투자자가 주가가 싸다고 판단될 때가 있죠. 하지만 정말 오를지 의문이 생기기 마련입니다. 대부분의 투자자는 보통 주가가 쌀 때는 사지 못하다가 한참 오른 후에야 사게 되어 있습니다. 쉽게 설명하면 쌀 때는 좋은 뉴스나 내용이 없어 당연히 투자자의 관심도 없지만 주가가 많이 오르면 좋은 뉴스나 호재가 많이 뜨고 사람들의 관심도 높은 인기주가 되는 원리입니다. 주가가 쌀 때의 특징은 긍정적인 내용이나 재료가 없고 실적, 추세, 수급도 좋지 않다는 겁니다. 초보투자자들은 당연히 확신이 생길 수 없는 구간입니다.

차트도 대부분 중·장기 역배열과 고점이 낮아지는 장기 하락 추세를 보일 것이고 당장 재료도 실적도 수급도 좋아지지 않는 종목에 투자한다는 것은 사실 쉽지 않습니다. 그래서 대부분의 투자자는 보기 좋고 인기 많고 누구에게나 큰 확신을 주는 종목에 투자하게 됩니다. 이런 종목을 완벽한 종목이라고 할 수 있죠. 다만 보기에는 매우 좋은 종목이지만 반드시 큰 수익을 안겨준다는 보장은 없습니다. 보통 이런 완벽한 종목을 보면 대부분 강한 확신이 들고 주가가 몇 배, 몇 십 배가 올랐든 투자를 망설이지 않는 경우가 많습니다. 이때 아무도 말릴 수 없습니다.

몇 년 동안 수백, 수천%나 오른 종목도 장밋빛 미래를 전망하며 투자를 시작하는 경우가 많습니다. 그런 종목은 다음과 같은 특징이 있습니다.
- 모든 것이 완벽하다.
- 오랫동안 주가가 많이 오르고 있고 추세도 좋다.
- 수년 동안의 실적이 너무 좋다.
- 호재성 재료가 너무나 많다.
- 미래 성장성이 흠잡을 데가 없다.

주가는 해당 기업의 미래를 선반영한다고 했습니다. 대부분의 투자자가 모든 것이 완벽하다고 공감할 때 이미 주가는 고점 영역인 경우가 많습니다. 물론 거기서 더 갈 수도 거기가 고점일 수도 있습니다. 하지만 성공적인 주식투자 습관을 강조해드렸습니다.

위의 몇 가지 특징은 주식을 비싸게 살 수 있는 종목의 특징으로 주식이 쌀 때 사고 싶다면 반대로 하시면 됩니다. 물론 이제 막 시작하거나 장기간 이미 선반영된 주식도 있습니다. 투자는 습관입니다. 싸게 사야 먹을 게 있는 법이죠.

우리는 평소 알던 브랜드가 바겐세일을 하면 백화점, 아울렛, 마트로 달려갑니다. 하지만 평소 알던 주식이 50% 바겐세일을 해도 대부분의 투자자는 투자를 못합니다. 바로 그 차이라고 보시면 됩니다. 현명한 투자자는 가장 쌀 때, 누구나 확신을 갖지 못할 때, 가장 최악일 때 사 가장 비쌀 때까지 투자합니다. 그리고 투자자 누구나 확신을 갖고 투자할 때, 최상일 때 주식을 팔기 시작합니다. 사실 이것이 성공투자의 기본 원리입니다.

그럼 가장 좋을 때나 그 과정에서 수익을 보고 주식을 팔았는데 주가가 다시 오른다면 어떡해야 할까요? 저는 보통 투자를 계속하다가 수익을 실현한 종목은 판 가격 이상으로는 절대로 다시 사지 않습니다. 그 다음은 뒷사람들의 몫으로 보면 됩니다. 우리는 다른 먹이감을 찾으면 되니까요.

지금부터 공부할 내용은 '바로 그거다', 쌀 때 사는 법, 쌀 때 확신하는 법, 이미 늦었다고 판단되는 주식을 관심종목에서 과감히 버리는 것입니다. 또한 주식은 좋은 습관을 꾸준히 이어가야 합니다. 제가 가장 중시하는 것은 제대로 된 투자 습관입니다.

07

주가에는 3가지 영역이 있다.
이것만 알아도 큰 돈을 잃지 않는다

사실 주식을 이렇게 가르치는 사람은 없을 겁니다. 하지만 저는 좀 다르게 주식투자에 접근하는데 이런 것은 꼭 알려주고 싶습니다. 이것만 알면 큰 손실을 볼 경우는 없으니까요.

주가에는 3가지 영역이 있습니다.
- 매수 영역(발바닥~무릎)
- 보유 영역(허벅지~가슴)
- 추격 영역(어깨~머리끝)

이 3가지 영역을 더 쉽게 이해하려면 인체를 연상하면 되는데 저는 보통 발바닥부터 머리끝을 주가 영역과 비교합니다.

첫째, 매수 영역은 최저가에 살 수 있는 영역입니다. 발바닥부터 무릎까지입니다. 생각해보면 주식을 언제 사야 큰 수익을 올릴 수 있느냐의 정답은 정해져 있죠. 저는 항상 매수 영역에서 주식을 사려고 노력합니다. 그래서 바닥주를 선호하죠. 따라서 장타를 치거나 큰 수익을 내고 싶다면 당연히 매수 영역에서 사야 먹을 폭도 크겠죠.

주가가 매수 영역을 지나 보유 영역으로 올라와도 살 수 있습니다. 보유 영역에서 매수했다면 덜 먹는다고 생각하면 되겠죠. 이제 보유 영역도 지나 추격 영역으로 올라옵니다. 추격 영역은 추격매수가 아니라 추격매수를 자제하라는 의미입니다. 물론 추격 영역에도 먹을 폭이 있을 수 있는데 보통 단기매매, 단타, 상승 흐름을 타는 만큼의 스윙 정도가 맞다고 봅니다. 하지만 저는 추격매수권에 진입한 주식에는 투자하지 않는 원칙이 있습니다. 단기매매가 아닌 중·장기 투자자라면 반드시 매수 영역이나 보유 영역에서 주식투자를 시작해야 합니다. 그래야만 큰 성과를 낼 수 있으니까요.

매수 영역의 특징

- 가장 밑바닥에서 사 가장 큰 수익을 올릴 수 있다.
- 누구나 쉽게 매수 영역에서 살 수는 없다.
- 매수 영역의 주가는 상당한 수준까지 이미 하락한 상태로 저평가 구간일 수 있다.
- 장기 역배열 하락추세가 지속되다가 상황에 따라 급락과 투매가 나올 수도 있다.

- 주가가 바닥권 매수 영역에 있다는 것은 당장 해당 기업의 실적과 모멘텀이 강하지 않다는 것이고 시장에서 비인기 종목일 수 있다.
- 매수 영역을 지나 주가가 오르기 시작하면 시장의 관심을 받고 인기주로 변신하기 시작하고 저평가주 또는 실적 바닥 확인과 향후 실적개선 기대 등의 말이 나오기 시작한다. 또한 해당 기업의 실적은 턴어라운드를 시작하고 슬슬 모멘텀도 만들어진다.
- 차트상 장기 하락추세 또는 중·장기 역배열 구간 이후 급락과 함께 가격조정을 마무리하고 V자 반전을 시도하거나 기간 조정 구간 또는 마무리 후 상승 초기 구간으로 본다.

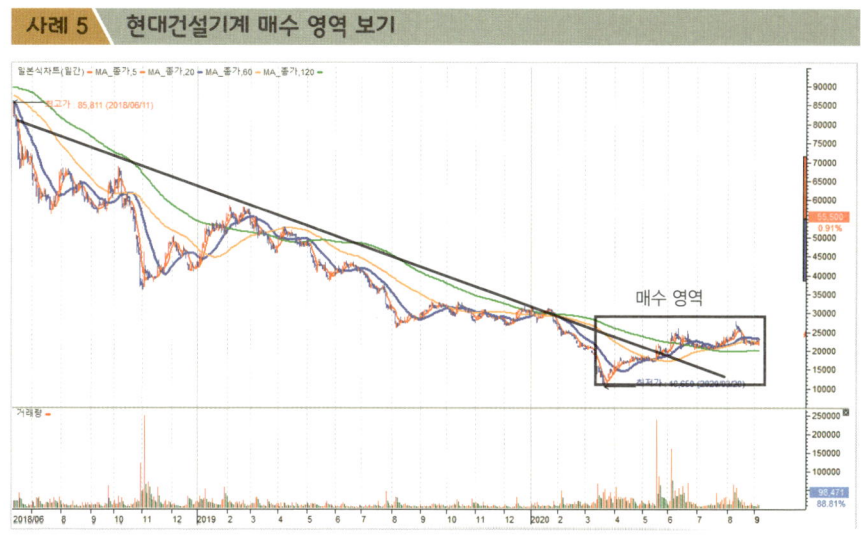

매수 영역은 특징이 있습니다. 중·장기 하락추세가 계속되다가 장기 하락 추세선을 넘어서면서 주가도 횡보 흐름을 보이는데 보통 장기적인 가격 조정 후 기간 조정 구간으로 볼 수 있습니다.

제 경우 황금바닥을 통해 가장 극단적인 저점을 만들기 시작한 3월부터 이 주식에 관심을 갖고 분할매수를 시작합니다. 참고로 연간으로 바닥을 잡는 방법은 이 책에 설명되어 있습니다. 현대건설기계도 2020년을 바닥으로 향후 턴어라운드가 예상되는 종목군이어서 투자할 적기는 네모 박스의 매수 영역 구간입니다. 좀 더 싸게 발바닥에서 투자를 시작하든 발목에서 시작하든 중요하지 않죠. 중요한 것은 목표 구간입니다. 향후 보유 영역을 지나 추격 영역까지 가져가면 큰 성과를 기대할 수 있을 겁니다. 제가 유튜브에서 20,000~25,000원 구간에서 투자를 권해드리고 55,000원까지 보유해 큰 성과를 드렸는데요. 이후 주가는 68,000원까지 급등했습니다.

보유 영역의 특징

- 바닥을 지나 슬슬 주가가 오르기 시작하면서 투자자가 관심을 보이기 시작하는 영역
- 무릎을 넘어 허벅지를 타고 올라오는 구간이다.
- 실적과 재료 등 대부분의 악재는 이미 반영된 것으로 보면 된다.
- 보통 바닥을 지나 보유 영역으로 올라오면 해당 기업의 실적도 바닥을 찍고 실적개선 또는 본격적인 실적개선 전망 등의 재료가 만들어지고 주요 메이저 투자 주체의 매수세도 본격화되는 경우가 많다.
- 차트상 장기 하락추세, 중·장기 이평선이 역배열 상태를 지속한 후 중단기 이평선은 정배열을 시작하고 상승추세로 반전하게 된다.

사례 6 현대건설기계 보유 영역 보기

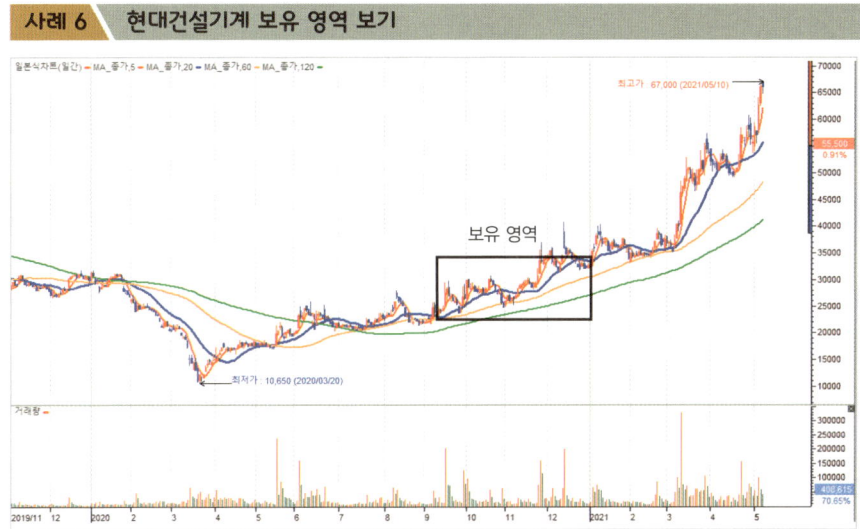

　보유 영역을 보면 장기 하락추세를 벗어나 단기와 중·장기 이평선이 수렴 상태 또는 수렴 이후 상승으로 돌아서고 정배열로 전환되는 모습을 보이기 시작하는데 주가가 바닥을 찍고 서서히 오르는 것을 의미합니다. 매수 영역에서 투자해 보유 영역까지 왔다면 이미 큰 성과를 올리고 있을 겁니다. 바닥 즉 매수 영역에서 주식을 샀다면 좋겠지만 장기하락을 보인 상태에서 턴어라운드를 시작하는 초기이므로 보유 영역에서 주식에 투자해도 괜찮습니다. 보통 이때 향후 실적 턴어라운드 말이 가장 많이 나오는데 메이저 투자 주체의 수급도 호전되는 모습을 보입니다.

추격 영역의 특징

　- 매수 영역과 보유 영역을 지나 모두 놀랄 정도로 주가가 급등하면 보통 투자자들은 이때 추격매수를 하게 됩니다. 그래서 이 구간을 추격 영역이라고 하는데 사실 추격매수를 하는 것이 아니라 추격매수를 자제하라는 의미입니다.

- 추격 영역 종목은 상당히 좋은 대형 호재와 함께 주가가 급등하는데 이때 대부분의 방송매체, 뉴스, 유튜브 등에서 이 주식을 알리기 시작합니다.
- 기술적으로 정배열 상승추세에서 중기 이평선 대비 주가가 큰 이격을 벌리며 단기 급등하게 됩니다. 이런 상승쪽으로의 대이격 종목으로의 뒤늦은 추격매수는 자제해야 합니다.
- 냉정히 생각하면 추격 영역에서 주식을 매수해도 됩니다. 물론 추세매매를 단기매매, 스윙으로 하는 매매자는 가능하지만 초보투자자는 쉽지 않습니다. 결과적으로 이런 경우 10개 중 7개는 대부분의 개인투자자가 고점을 잡고 큰 손실을 봅니다.
- 가장 화려한 구간으로 추세, 수급, 재료 모든 것이 좋을 때는 항상 조심해야 합니다.

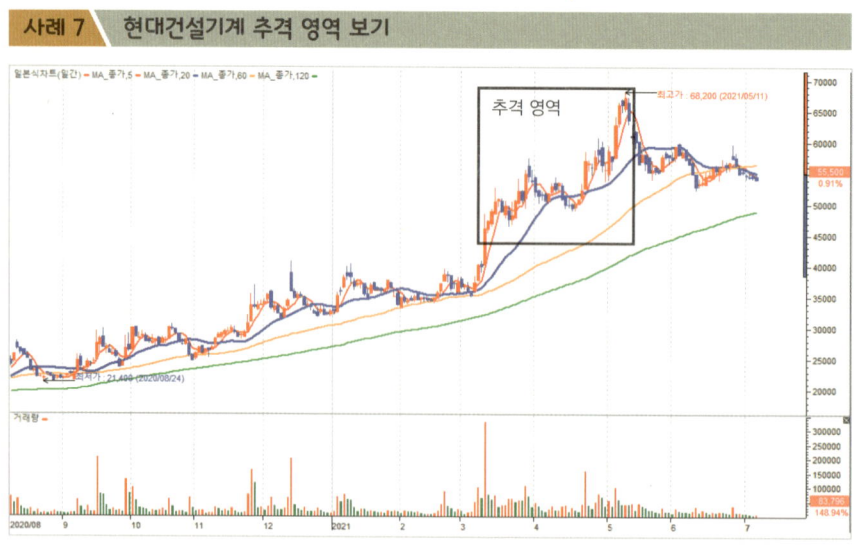

사례 7 현대건설기계 추격 영역 보기

추격 영역을 보면 주가가 보통 바닥 대비 100% 이상 올랐거나 장기 상승추세를 지속하는 경우 대형 호재 등으로 급등하는 구간이 있는데 항상 초기에 투자를 시작하지 않았다면 가장 화려한 시기, 즉 모든 조건이 양호하고 단기간에 주가가 너무 가파르게 오른 종목은 추격매수를 자제하는 것이 맞습니다. 추격 영역은 종목마다 조금씩 다를 수 있지만 결국 이격이 크게 벌어지고 많이 오르면 오를수록 뒤늦게 투자를 시작하는 투자자에게는 그만큼 먹을 폭이 줄어든다는 원리로 접근하면 됩니다.

여기서 가장 중요한 핵심은 주식으로 큰 성과를 내려면 매수 영역인 바닥에서 투자를 시작해야 하고 뒤이어 보유 영역에서 투자해도 좋은 성과를 올릴 수 있다는 겁니다. 하지만 추격 영역에서 매번 사다 보면 곧 습관이 되고 말죠. 쌀 때 사 비쌀 때 파는 투자습관을 가질 수 없게 됩니다. 주식으로 큰돈을 버는 투자자의 특징이 대부분 쌀 때 사 비쌀 때 판다는 것을 명심해야 합니다.

저는 제가 선정한 투자대상 종목에 이 3가지 영역을 대입해 가장 바닥구간인 매수 영역에서 주식을 1차적으로 사고 이후 주가가 상승하기 시작하면 추가매수로 수익을 극대화하는 전략을 취하고 있습니다.

이제 여러분이 직접 여러 종목 특히 주도주와 시장의 인기종목을 이 3가지 주가 영역에 대입해 훈련하면 훌륭한 공부가 됩니다.

08

최대 실적 종목보다 최악의 실적을 보인 종목에 투자하라

주식을 하면서 실적은 당연히 중요하게 고려되는 투자 기준입니다. 그런데 여기서 고민해야 할 것이 있습니다. 주가는 실적과 동행할까요? 그렇지 않습니다. 주식시장은 미래의 경제 상황과 경기를 선반영한다는 말을 많이 들었을 겁니다. 주가도 기업의 실적과 미래를 선반영합니다. 미리 반영한다는 것이니 주가와 실적은 동행하지 않습니다.

대부분 실적이 좋아지기 전에 주가가 먼저 오르기 시작하고 실적이 가장 좋을 때 이미 하락하기 시작합니다. 주식을 처음 접하는 투자자에게는 조금 생소한 내용일 수 있습니다. 주식매매, 단기매매를 하는 사람은 당연히 실적이 좋은 종목에 투자해야 합니다. 중·장기 투자자는 최악의 실적을 확인했거나 실적이 개선되기 시작한 종목을 사면 됩니다.

제 주식투자 방법으로 결론부터 말하면 "거래소 중대형주 중 최대 실적 종목보다 최악의 실적이 나온 바닥주식에 장기투자합니다" 아무 종목이나 최악의 실적 종목을 사는 것이 아니라 업종대표주, 중대형주를 기본으로 합니다. 저가주, 개별종목 등은 적용하지 않습니다. 그럼 왜 최대 실적 종목을 사지 않을까요? 최대 실적은 말만 들어도 가슴 설레는 흔히 사용하는 용어입니다. 듣기만 해도 기업의 현재 실적이 최고라는 것을 의미합니다.

주식투자를 처음 시작해 이런저런 방법을 시도하다가 한 번쯤 생각해보는 것이 실적 좋은 기업을 사는 겁니다. 또한 가장 좋을 때 바로 최대 실적이 나오는 종목에 투자하는 겁니다. 물론 맞을 수도 뒷북일 수도 있습니다. 여기서 중요한 것은 주가에 이미 반영되었느냐 여부입니다. 여기서 알려드리고 싶은 것은 바로 이것입니다.

주가는 실적에 선행한다는 것이죠. 실적이 좋아지기 전에 주가는 오르고 실적이 나빠지기 전에 이미 떨어진다. 그럼 실적이 가장 좋을 때 바로 최대 실적을 만든 주가는 일반적으로 어떻게 될까? 2가지입니다. 이미 장기간의 실적개선과 실적호조로 주가가 오른 경우 가장 화려하게 꽃피는 시기가 바로 최대 실적 발표입니다. 이후 주가는 대부분 떨어집니다. 반대로 기업 실적이 좋아질 것을 주가가 반영하지 않았다면 주가는 최대 실적과 함께 급등할 겁니다.

보통 투자자는 전자를 많이 경험합니다. 여기서 조심해야 할 점은 주가는 기업의 미래, 즉 실적을 선반영한다는 것이고 현재의 주가는 향후 발표될 실적을 반영한다는 것입니다. 그리고 최대 실적과 함께 주가가 더 오르는 경우와 하락하는 경우를 알아두면 좋습니다.
- 최대 실적과 함께 주가가 오르는 경우는 다음 분기 실적이 이번 분기 실적을 최소 30% 이상 상회하는 전망이거나 시장이 강세장인 경우로 주도 종목군에 해당할 때입니다.
- 최대 실적과 함께 주가가 하락하는 경우는 최대 실적을 이미 선반영해 주가가 오른 경우와 다음 분기 실적이 이번 분기 실적을 상회하지만 서프라이즈하지 않은 경우입니다. 예를 들어 매분기 영업이익이 100억 원을 기록하는 기업이 이번 분기에 200억 원을 벌었다면 최대 실적에 주가도 놀라 급등할 내용이지만 최대 실적 200억 원을 내고 다음 분기 전망이 210~230억 원 수준이라면 주가는 보통 상승폭을 반납하고 정점을 이미 찍은 것으로 봅니다.

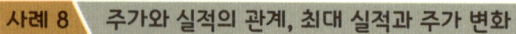

위 차트는 2016~2019년 주가 흐름입니다. 최악의 실적인 2016년 말에는 중·장기 투자를 고려하기 시작해야 했고 2017년에는 본격적인 실적개선이 이뤄지면서 최대 실적을 경신했고 주가도 올랐습니다. 주목할 시점은 2018년입니다. 드디어 연간 영업이익 1조 원 클럽에 가입하며 최대 실적을 올린 해입니다. 8월경 저는 삼성전기 주가는 정점이라는 의견을 드렸는데 그 이유는 간단합니다. 가장 화려할 때였죠. 이후 발표될 3분기 최대 실적을 주가는 이미 반영했고 주가가 더 오르려면 4분기 실적도 3분기 실적을 크게 상회해야 했지만 이때는 3분기가 가장 좋은 전망을 내놓고 있어 3분기 최대 실적 발표를 하면 이후 주가가 올라갈 명분이 사라지는 격이죠.

다음 표는 삼성전기의 연간 영업이익 변화와 2018년 1~3분기 영업이익 변화입니다. 주가가 어떻게 선반영하고 정점을 반영하는지 보시기 바랍니다.

삼성전기 연간 실적 (단위: 억 원)

삼성전기(009150) — 연간 / 분기

구분	16.12(P)	17.12(P)	18.12(P)
매출액	60,330	68,385	80,020
영업이익	244	3,062	11,499
순이익	229	1,773	6,850

저는 2016년 12월 16일 삼성전기에 장기투자를 시작했습니다. 위의 표에서 연간으로도 역대 최악의 실적이라는 것을 알 수 있습니다. 사실 이때가 가장 싸게 살 시기였습니다. 그럼 왜 12월이었을까요? 당시 주가는 최악이었습니다.

여기서 바닥을 잡는 팁을 드리겠습니다. 우선 망하지 않을 대형주 삼성전기를 연간 최악의 실적 종목으로 선정해 둡니다. 그리고 1~4분기 중 언제 투자할지 정합니다. 저는 보통 가장 최악일 때 사기 시작합니다. 바로 4분기입니다. 왜 4분기냐? 2016년 분기 기준 처음으로 적자를 기록한 때니까요. 4분기 실적을 보시죠.

삼성전기 분기별 실적 (단위: 억 원)

삼성전기(009150) 연간 분기

구분	16.09(P)	16.12(P)	17.03(P)
매출액	14,673	13,451	15,705
영업이익	128	-465	255
순이익	39	-369	44

표에서 보듯이 2016년 4분기 영업이익은 -465억 원, 순이익은 -369억 원 적자였습니다. 분기 기준 적자를 낸 적이 없는 기업인데 갤럭시 스마트폰 배

터리 폭발사고로 실적 쇼크가 난 것입니다. 그때는 정말 역대급 찬스였습니다. 바로 다음 분기인 2017년 1분기는 분기별 적자 이후 곧바로 흑자전환이 예상되어 주가가 바닥을 찍고 오르는 것을 당연시하고 투자를 진행했습니다.

그럼 반대로 연간 최대 실적을 보인 2018년 주가의 정점은 어떻게 포착했는지 주가와 실적의 관계를 보시죠. 특히 주목할 시점은 주가가 최고점에 오른 2018년 7~9월입니다. 그리고 다음 표에서 2018년 3분기 최대 실적 이후 실적이 감소하는 것을 봐야 합니다.

삼성전기 2018년 분기별 실적 1 (단위: 억 원)

삼성전기(009150)

구분	18.03(P)	18.06(P)	18.09(P)
매출액	20,188	18,098	23,612
영업이익	1,540	2,068	4,445
순이익	1,158	1,313	2,462

2018년 1분기 1,540억 원 → 2분기 2,068억 원 → 3분기 4,445억 원으로 증가한 것을 확인할 수 있는데 3분기가 최대 실적입니다. 주가는 이전에 이미 고점을 만들었습니다.

삼성전기 2018년 분기별 실적 2

(단위: 억 원)

삼성전기(009150) 연간 / 분기

구분	18.09(P)	18.12(P)	19.03(P)
매출액	23,612	18,123	20,623
영업이익	4,445	3,446	2,423
순이익	2,462	1,917	1,330

　　2018년 3분기 4,445억 원 ➡ 4분기 3,446억 원 ➡ 2019년 1분기 2,423억 원으로 감소한 것을 확인할 수 있는데 이때 3분기 최대 실적 이후 분기별 실적이 점점 감소하면서 주가도 하락했습니다. 특히 3분기 실적 발표 이전인 7월에 주가는 이미 정점을 찍었습니다. 물론 지금 알려드린 논리와 다르게 주가가 오르는 경우도 있습니다. 예외적인 경우죠. 주식시장에는 항상 예외가 존재합니다. 하지만 이 대목에서 확실한 것은 주가는 미래 실적을 선반영하기 시작한다는 것입니다.

Chapter 2

큰 투자 성과를 올리기 위해 사자처럼 투자하는 비법들

01

우리는 개미가 아니다.
사자처럼 투자하고 거북이처럼 간다

개인투자자에게 강조하는 말이 있습니다. 바로 개미가 아니라는 것인데요. "여러분은 사자입니다. 개미처럼 매매하지 말고 사자처럼 투자하세요"라고 꾸준히 조언합니다. 개미와 사자의 차이점은 뭘까요? 여러분의 머릿속에서 이미 그 차이를 알고 있을 겁니다.

개미는 하루 종일 죽을 때까지 일만 합니다. 눈에 보이지도 않는 작은 먹이를 천천히 모아가죠. 일부에서 개인투자자는 주식으로 돈을 벌려면 개미처럼 작은 수익을 차곡차곡 모아야 한다고 말합니다. 물론 성향과 투자자금 등에 따라 맞을 수도 있지만 저는 그 의견에 동의하지 않습니다.

'사자처럼 투자하라!' 사자는 하루 종일 사냥하지 않습니다. 큰 먹잇감을 노리고 사냥이 가능할 때 본격적으로 시작하죠. 한 번의 사냥으로 큰 먹이를 잡습니다. 한 번만 사냥하더라도 큰 먹이를 사냥하는 것이 제 투자 철학입니다. 단타보다 장타를 칠 수 있어야 주식으로 큰 돈을 벌 수 있으니까요.

개미투자자와 사자투자자의 차이점

개미투자자

- 단기, 단타 위주로 매매한다.
- 작은 종목을 선호한다.
- 매일매일이 매우 중요하다.
- 작은 수익에 만족한다.
- 급등주에 올라탄다.
- 빨리 포기한다.

사자투자자

- 단타를 하지 않는다. 중·장기 투자로 큰 수익을 얻는다.
- 대형 종목을 선호한다.
- 매일매일이 중요하지 않다.
- 큰 수익을 노린다.
- 저평가 종목을 사 고평가일 때 판다.
- 사냥을 시작하면 쉽게 포기하지 않는다.

대부분의 주식투자자는 개미처럼 합니다. 작은 수익을 올리고 또 잃고 손절하고 갈아타고 주가가 조금 오르면 다시 팔고 사기를 1년 내내 반복하죠. 시장의 작은 출렁임과 종목의 일시적 변동에도 일일이 대응하며 하루하루 살

얼음판을 걷습니다. 당연히 몸은 바쁠 수밖에 없고 결국 자신을 죽이는 투자를 합니다.

저는 '사자처럼 투자하고 거북이처럼 가라'고 말합니다. 사자처럼 큰 먹잇감을 사냥하고 거북이처럼 목적지를 향해 천천히 가라고 말합니다. 그것이 주식으로 큰 성과를 꾸준히 얻는 방법이고 매매가 아닌 투자의 세계에서 진정한 고수가 되는 길입니다. 우선 사자처럼 투자하려면 작은 종목에 투자하지 않습니다. 시총 1조 원 이상 종목은 주가 등락을 떠나 쉽게 상장폐지되거나 투자자금을 날릴 위험이 희박합니다. 여러분은 이런 대형 종목의 주가가 싸질 때까지 기다리면 된다는 데 동의하나요?

저는 투자 관점에서 중대형주가 실적악화, 실적부진, 중·장기 악재, 돌발악재, 주가하락 등으로 가장 싸다고 판단되는 바닥에서 투자를 시작해 수개월 또는 1년 이상 보유하는 전략을 취하거나 제가 생각했던 장타, 홈런을 칠 때까지 보유합니다. 너무 많은 종목을 이런 저만의 투자기술로 큰 성과를 오랫동안 거둬왔습니다.

여기서 여러분은 이런 질문을 자주 합니다. "이헌상 씨는 황금바닥주, 바닥주를 사 얼마의 수익률을 목표로 하나요?" 제 목표는 50~100%입니다. 상황에 따라 그 이하나 100% 이상도 좋습니다. 너무 작나요? 그렇지 않습니다. '천리길도 한 걸음부터'라는 말 들어보셨죠? 10% 수익을 넘어 20% 수익을 기다릴 수 있어야 30~40% 수익도 올릴 수 있고 30~40% 수익을 낼 수 있어야 50~60%, 100% 이상 수익까지 갈 수 있다는 것을 알아야 합니다. 100% 수익을 낼 수 있어야 2~3배 또는 그 이상 수익도 가능합니다. 물론 싸게 주식을 산다고 모든 종목이 100% 이상 오르는 것은 아닙니다.

저는 '낚싯대' 이론을 설명하면서 많은 바닥주에 낚싯대를 던져두라고 말합니다. 그 낚싯대 중 일부를 큰 물고기가 물 것입니다. 결국 큰 수익은 시장과 종목 상황에 따라 다르겠지만 목표수익률 이상도 날 수 있는데 결국 쌓인 수익률이 있어야 더 큰 수익을 편안히 기다리면서 만들 수 있습니다. 그래서 저는 더 큰 수익을 위해 가장 쌀 때 주식을 사고 사자처럼 큰 먹잇감에 투자를 시작해 거북이처럼 길게 가는 전략을 취합니다.

==사자에게 가장 좋은 투자 종목과 방법은 중대형주를 바닥에서 사 중·장기 투자하는 것입니다. 주가가 바닥을 만들고 중·장기 상승 추세로 진행되는 것을 '턴어라운드'라고 합니다. 이때 거북이처럼 천천히 갑니다. 제가 투자한 기업의 실적과 주가가 재평가를 본격적으로 다시 시작하고 가장 화려할 때까지 투자를 계속합니다.==

주가는 실적에 선행합니다. 주가의 턴어라운드는 실적의 턴어라운드보다 먼저 시작됩니다. 여러분은 이제 턴어라운드 주식을 사는 방법과 제 주식투자 핵심전략인 '황금바닥 턴어라운드주' 투자기법을 배울 것입니다. 현재 여러분의 투자가 잘 진행 중이라면 새로운 방법은 필요 없습니다. 현재 그 방법으로 밀고 나가면 됩니다. 하지만 현재의 방법이 좋은 성과를 내지 못한다면 투자 스타일을 과감히 바꿔야 합니다.

황금바닥에서 사자처럼 중·장기 투자한 종목 사례를 보겠습니다. 제가 설명 드리는 종목은 모두 제가 황금바닥주 투자를 권했던 종목입니다. 다음 사례 종목을 보시면 바닥주로 진입한 시점이 있습니다. 표시된 부분이 왜 투자를 시작해야 할 구간인지 공부하시기 바랍니다. 자세한 당시 영상은 제 유튜브 채널에 올려놓았으니 영상을 참고해 공부하시면 더 도움이 될 것 같습니다(유튜브 채널 '이헌상의 황금바닥').

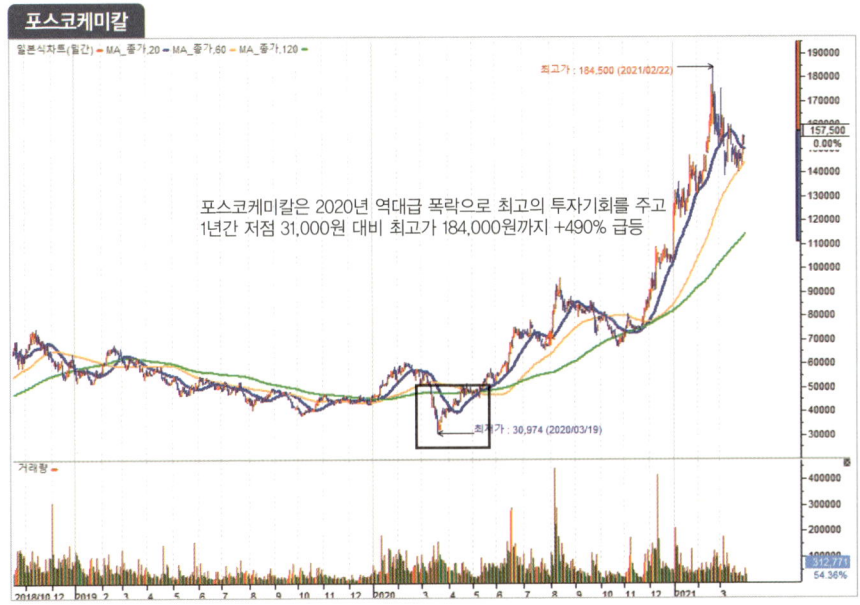

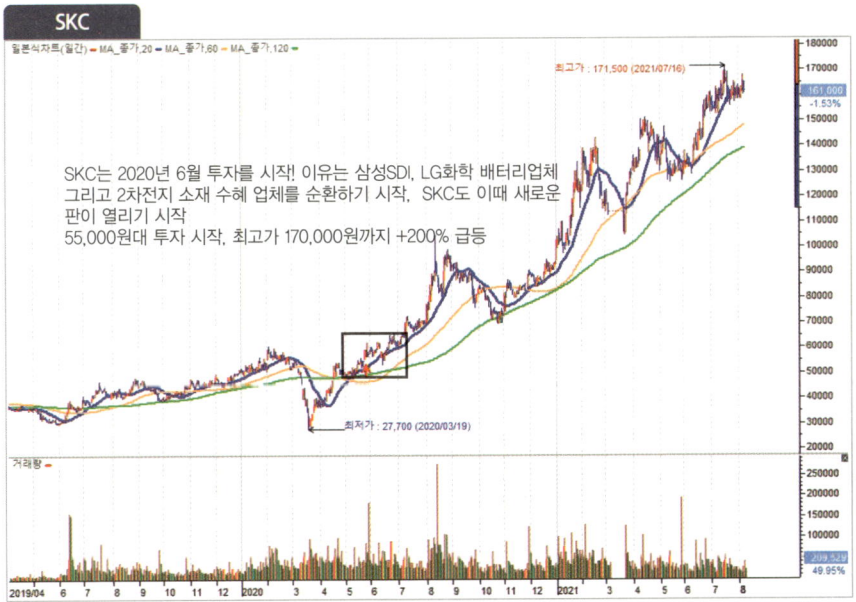

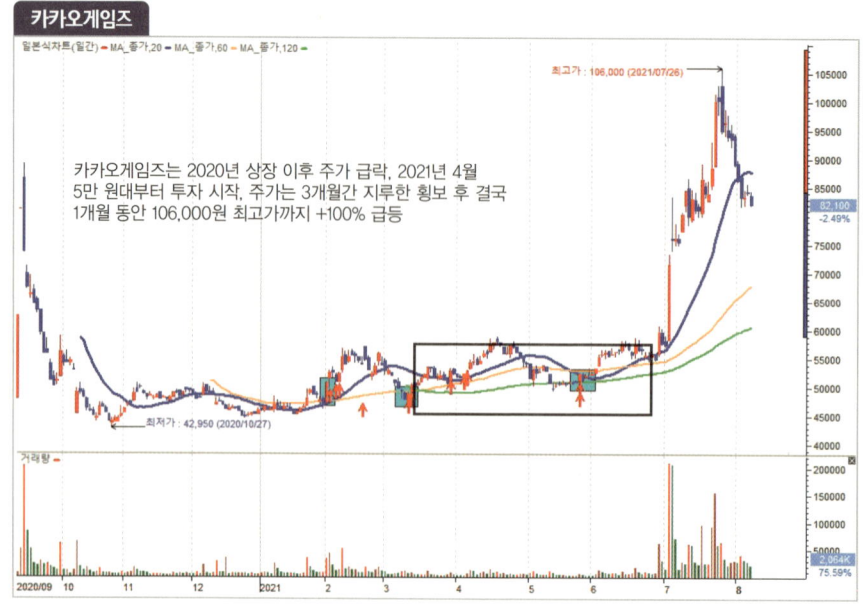

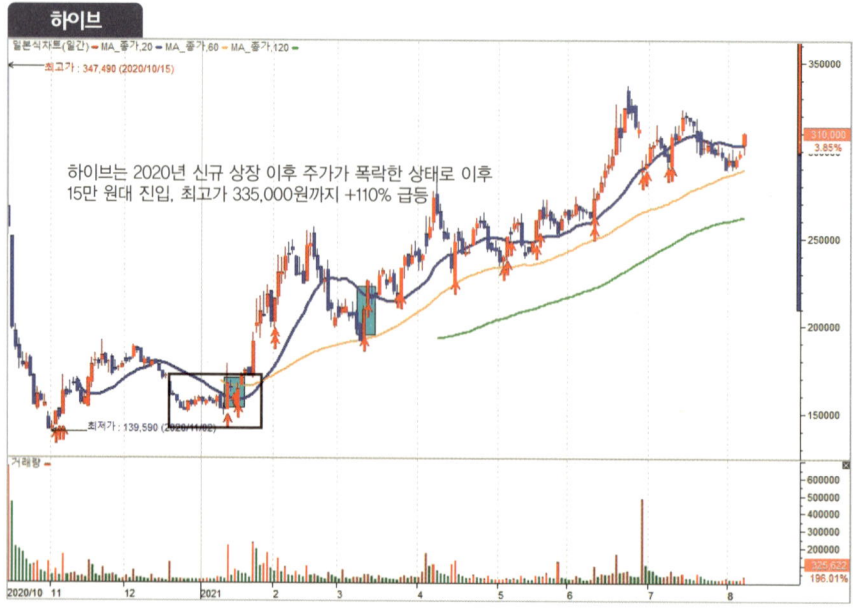

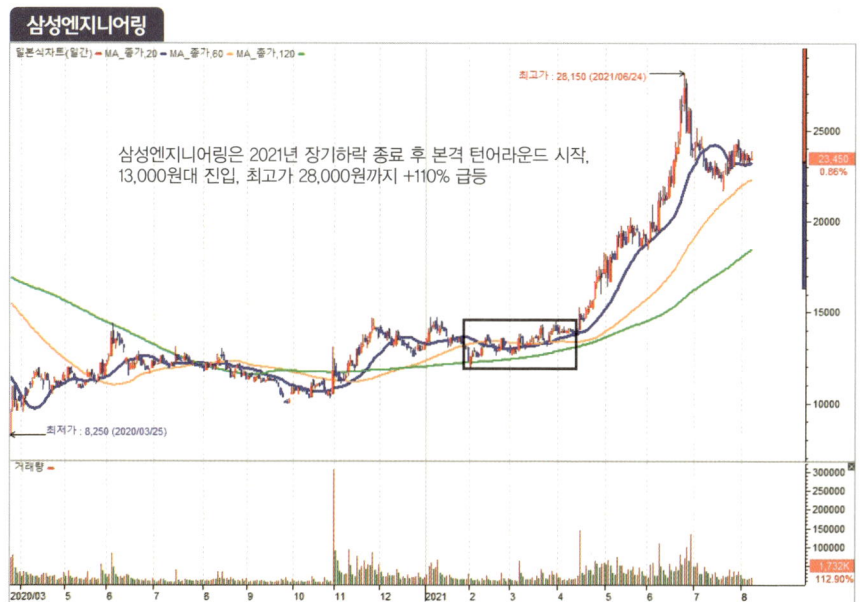

02

황금바닥이란 무엇인가?

    황금바닥은 주가의 장기하락 추세가 지속되는 가운데 중장기적으로 매도 피크(peak)가 만들어지는 최고 바닥점을 말합니다. 인체에 비유하면 발바닥부터 발목까지입니다. 또는 주가가 오르다가 단기 급락 후 저점을 만들 때입니다. 이때 주식을 사야 큰 수익을 올릴 수 있는데 저는 이 기대수익률을 '먹을 폭'이라고 부릅니다.

    주가의 장기 하락폭과 단기 급락폭은 다음과 같이 정의합니다.
- 장기 하락: 1년 이상 하락세를 보인 종목 중 최고점 대비 최소 -40% 이상 하락
- 단기 급락: 최근 1~2개월 동안 최고점 대비 -30% 이상 급락

저는 중·장기 투자를 할 때 이 2가지 중 전자를 선호합니다.

황금바닥의 특징

1. 기술적으로 중·장기 하락 추세 및 역배열 구간에서 극단적인 투매 발생 후 황금바닥이 만들어진다.
2. 기술적으로 중·장기 하락으로 충분한 가격 조정을 보인 후 횡보하며 바닥이 만들어진다.
3. 재료 면에서 실적과 악재가 모두 반영되어 악재가 더 이상 악재가 아닌 시점에 나타난다(최악의 실적발표 후 주가가 오른다면 악재가 주가에 이미 반영되었다는 의미다).
4. 수급 면에서 메이저(외국인, 기관) 매도가 지속되다가 매도 축소 또는 순매수로 전환되는 시점에 만들어진다. 이때 황금바닥의 단골 매수 주체는 연기금인 경우가 많다.

주식투자에서 최대 성과는 황금바닥 턴어라운드주에 투자하는 것입니다. 바닥에서 사 본격적인 장기 턴어라운드가 진행될 때 큰 수익을 냅니다. 이 황금바닥이 장기 턴어라운드주가 되는 순간 주가는 매우 오랫동안 오르고 실적 개선도 본격적으로 시작됩니다.

'턴어라운드'란?

1편에서 다룬 턴어라운드 내용을 보여드리면 턴어라운드의 교과서적 개념은 장기간(2~3년) 실적부진, 적자 상태에서 회사 내외의 상황 변화로 실적이 급격히 호전되면서 영업이익과 순이익이 흑자전환해 이익이 점점 증가하는 것입니다. 주식투자의 최고 투자종목군은 역시 턴어라운드주입니다. 가장 쌀 때 사 가장 비쌀 때 팔아야 수익폭도 큽니다. 이와 같은 내용을 기초로 주식시장에서는 턴어라운드 기업 발굴작업이 활발히 진행 중입니다. 저도 마찬가지입니다. 작년부터 지금까지 우리가 큰 수익을 올린 대부분의 종목군은 바닥을 찍고 턴어라운드한 종목이었습니다.

턴어라운드와 주가의 관계

주식시장의 정석 투자 방법으로 가장 큰 수익 달성 방법은 턴어라운드 직전에 주식을 매수해 본격적인 턴어라운드와 실적성장 구간의 중·장기 시간 투자입니다. 물론 운좋게 급등주를 잡아 '대박'을 터트리는 방법을 선호하는 투자자도 많겠지만 소중한 투자금액이 커질수록 정석 투자가 바람직합니다.

턴어라운드 주식의 특징

1. 본격적인 실적 턴어라운드 전에 주가가 바닥을 치고 상승하기 시작한다.
2. 턴어라운드가 실제 실적으로 나타나기 시작하면 주가가 이미 많이 오른 상태다.
3. 턴어라운드가 진행되기 전부터 메이저 수급이 변화하기 시작한다(턴어라운드 시작 전 주가가 바닥을 다질 때 연기금이나 외국인의 매집 여부를 중요하게 본다).
4. 턴어라운드가 진행되면서 이전에 없던 새로운 호재가 노출되면서 주가가 추가 상승을 진행한다.
5. 턴어라운드 초기에 연기금이나 외국인 자금이 들어오지만 본격적인 주가 상승이 진행되면서 투신권을 비롯한 메이저 자금이 급격히 들어온다 (이런 수급 상황에서는 중·장기 투자로 대응한다).

6. 턴어라운드주의 정점(고점)은 보통 미리 반영된 실적, 즉 분기별 최대 실적 시점에서 실적이 오픈될 때 나타나는 경우가 많다.

턴어라운드주는 언제 사야 할까?

투자 시작 시점에서 보통 기회는 2번 옵니다. 첫 번째 기회는 최초 황금바닥 시점이고 두 번째 기회는 최초 황금바닥 이후 1차 상승 또는 반등 이후 첫 번째 눌림목 시점입니다.

1. 첫 번째 황금바닥을 만들 때의 실적, 주가, 수급

보통 황금바닥을 만들기 전 실적이 가장 좋지 않습니다. 부진한 실적발표 이후 주가가 바닥을 다지는 과정이 만들어지고 주가는 최악이거나 최악 부근일 것입니다. 이때 확신을 더 심어주는 것은 메이저 수급의 진입입니다. 특히 거래소의 중대형주가 바닥을 만들 때 대부분의 연기금 투자가 먼저 시작되는 시점을 주목해야 합니다.

2. 두 번째 매수 시점은 상승 추세 전환 이후 눌림목 조정 구간

보통 장기 하락과 함께 역배열 하락 추세가 이어지다가 바닥을 치면 역배열 이평선은 슬슬 수렴 상태를 보이는데 이때가 정배열 상승 전환 초기일 수 있으니 주목하고 바닥을 치고 1차 상승을 보인 후 주가가 일시적으로 눌림목을 만들 때도 절호의 매수 기회입니다. 우리의 턴어라운드주 투자 사례를 보면서 바닥 다지기 시점의 실적과 주가의 관계를 잘 공부하시기 바랍니다.

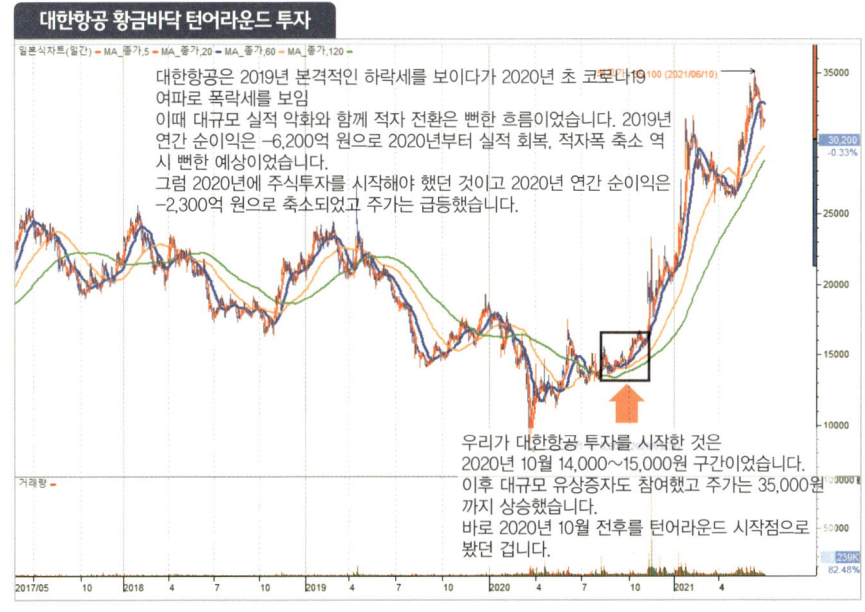

03

주식투자에서
가장 이상적인 고수익 구조를
반드시 알아야 한다

    주식투자에서 가장 이상적인 고수익 구조는 무엇일까요? 정말 개미처럼 야금야금 작은 수익을 차근차근 모아 큰 수익으로 만드는 방법이 최선일까요? 제가 생각하는 주식투자의 가장 이상적인 고수익 구조는 이미 급등한 주식을 추격 매수하거나 자주 매매하지 않고 큰 판이 벌어질 종목에 한두 번만 베팅해 장기간 큰 수익을 올리는 것입니다.

    투자 종목을 선정하고 그 종목이 가장 저렴해질 때를 기다려 투자를 시작하고 가장 화려할 때까지 투자를 이어가는 것이 제가 선호하는 방법입니다. 참고로 여러분은 종목을 선정하고 최적의 투자 시점까지 얼마나 기다려 보셨나요? 저는 1년 이상도 기다리고 올해 투자할 종목, 내년에 투자할 종목, 2~3년 후 투자할 종목을 항상 미리 정해 둡니다. 물론 그때마다 상황 변수를 감안합니다. 이 부분은 뒤에서 함께 설명해드립니다.

이헌상이 강조하는 이상적인 고수익 구조의 특징은 다음과 같습니다. 황금바닥일 때 최저가에 매수하거나 장기 턴어라운드 변곡점에서 매수할 때 발생합니다. 이때 큰 성과, 대박이 나죠. 여기서 중요한 것은 이미 저점 대비 300~500% 또는 그 이상 수년 동안 오르는 등 가파른 급등세를 보인 종목을 비싸게 사 더 비싸게 파는 방법이 아니라는 것입니다. 단기매매는 어디서든 할 수 있지만 시간투자를 하는 주식투자는 이런 종목을 피해야 합니다. 주가가 장기 하락을 보이고 바닥을 만들고 다시 오르기 시작하는 과정을 4단계로 나누면 다음과 같습니다. 전편에서 이미 다뤘지만 가장 중요한 내용은 이어서 다시 다룹니다.

1	실적부진, 내부 악재, 돌발 악재 등으로 주가 장기 하락	1번 구간은 가장 어두울 때입니다. 호재 없이 실적부진 등의 악재와 수급악화가 계속되고 주가도 장기 하락이 이어지는 상황으로 주가는 싸졌지만 모멘텀이 없어 주가회복이 어렵고 시장과 투자자의 관심이 없는 구간입니다.
2	실적부진, 내부 악재, 돌발 악재 등의 모든 악재가 더 이상 악재가 아닐 때 → 최악을 확인한 이때 바닥이 나옴	2번 구간은 '기 반영' 또는 '선반영' 구간입니다. 모든 악재가 주가에 이미 반영되어 식상해진 악재가 더 이상 악재가 아닌 구간에 오고 주가도 기존 악재가 반복되는 상황에서도 더 이상 추가 하락이 진행되지 않습니다. 그 이유는 간단합니다. 악재가 주가에 이미 충분히 반영된 것이죠. 그래서 새로운 이전 악재보다 더 강한 대형 악재가 나타나지 않는 한 주가는 더 이상 하락하지 않는 경우가 대부분입니다. 이때를 진짜 바닥이 나타난 구간으로 보면 됩니다.
3	실적개선 기대감이 부각되면서 주가가 바닥에서 탈출하기 시작한다. → 이때부터 호재, 모멘텀, 이슈, 매수 리포트 등이 만들어진다.	3번 구간은 주가가 슬슬 바닥권 탈출을 시도하는 구간입니다. 보통 바닥권 주가가 상승세로 전환될 때 등장하는 가장 흔한 말은 '저평가'와 '실적개선 기대감'입니다. 제가 자주 쓰는 표현이죠. 주식을 하면서 많이 듣는 말 중 하나가 "실적개선 기대감만큼 주가에 좋은 재료도 없다"입니다. 이때가 바로 바닥에서 탈출하고 모멘텀이 만들어지는 시기입니다.

3		이때 수급에도 큰 변화가 옵니다. 예외적인 일부 상황을 제외하면 대부분 외국인, 기관투자자 특히 연기금이 물량을 대량으로 연속 매집합니다.
4	턴어라운드 기대감이 강해지고 본격적인 실적개선 및 정상화가 나타나고 추가 상승 모멘텀이 만들어지면서 주가가 장기 상승을 이어간다.	4번 구간은 주가가 이미 바닥에서 탈출해 본격적인 상승으로 전환하는 시점입니다. 실적 정상화가 나타나고 호재성 모멘텀이 하나 둘 만들어지면서 강한 상승세와 함께 장기 상승세를 이어가는 구간입니다. 이때 재료와 수급 상황이 가장 좋고 슈팅도 나옵니다. 개인투자자의 관심도 많이 쏠리는 시점입니다. 제가 진행한 사례에서 1~4번 구간의 흐름을 보시고 1~4번 구간에서 뉴스, 재료, 실적, 수급, 차트 흐름, 코스피(코스닥)와 연계해 공부해 보시기 바랍니다.

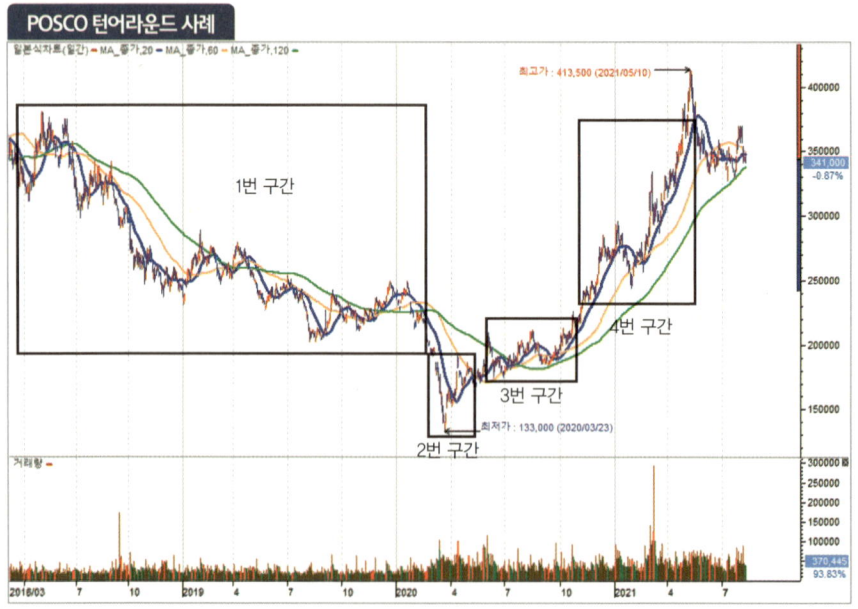

1번 구간은 주가가 왜 못 올랐을까요? 대부분 해당 종목의 악재나 실적 등의 영향을 받는다고 생각하지만 시장의 영향도 있습니다. 우선 2018~2019년 국내 증시는 대세 하락장이었습니다. 긴 하락 → 짧은 반등 → 다시 긴 하락 → 짧은 반등 → 다시 하락입니다. 보통 이 경우, 증시가 어느 정

도 바닥을 만들 때 함께 바닥을 만듭니다. 이렇게 대세 하락장에서 주가는 하락할 가능성이 큽니다.

그리고 또 다른 이유는 실적입니다. 위 차트에서 2018년 이전 주가는 보이지 않는데요. 여러분이 차트를 열어보십시오. POSCO는 2016년부터 2018년 초까지 2년 동안 주가가 올랐습니다. 당연히 실적도 좋았을 겁니다. 2016~2018년 연간 실적을 보시죠.

POSCO 2016~2018년 연간 실적			(단위: 억 원)
POSCO(005490) 연간 분기			
구분	16.12(P)	17.12(P)	18.12(P)
매출액	530,835	606,551	649,778
영업이익	28,443	46,218	55,426
순이익	10,482	29,735	18,921

2015년 폭락세를 이어가던 POSCO는 실적개선 기대감과 저평가가 부가되면서 주가가 바닥을 치고 오르기 시작했습니다. 2016년 연간 영업이익 2조 8천억 원은 2017년 4조 6천억 원으로 늘었고 당연히 주가도 급등세를 이어가며 2018년에는 5조 5천억 원이 되었습니다. 서프라이즈하지 않죠? 전년 대비 20% 가까이 영업이익이 늘었지만 주가에 이미 반영되었습니다. 그래서

주가는 2016년 초부터 2018년 초까지 2년 동안의 상승세를 마감했습니다. 여기서 2015~2018년 차트를 보시죠.

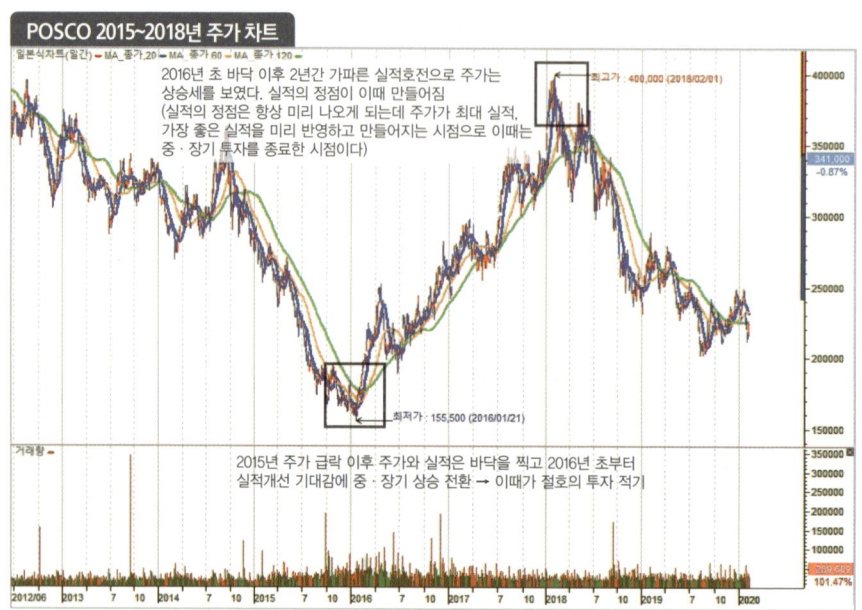

이제 주가와 실적의 관계도 미리 선반영된다는 것을 이해하실 겁니다. 한 가지 더 보셔야죠? 2018년 초 주가는 왜 고점이었나? 주가가 실적을 얼마나 선반영했는지 2018년 실적 이후 2019~2020년 실적도 보시겠습니다.

(단위: 억 원)

POSCO(005490)		연간	분기
구분	18.12(P)	19.12(P)	20.12(P)
매출액	649,778	643,668	577,928
영업이익	55,426	38,689	24,030
순이익	18,921	19,826	17,882

    2018년 연간 영업이익 5조 5천억 원 → 2019년 3조 8천억 원 → 2020년 2조 4천억 원입니다. 2018년 최대 실적으로 정점을 찍고 급격한 실적부진이 이어진 모습입니다. 중·장기 주가하락이 이어질 수밖에 없는 구간입니다. 이유는 간단하죠. 2년 동안 최대 실적, 가장 좋은 때를 이미 반영해 주가가 올랐으니까요. 이제 '거품이 빠지는' 구간이 시작되면서 1번 구간이 장기적으로 만들어졌습니다. 이제 2번 구간으로 가 보시죠.

    2번 구간은 최악의 실적을 미리 반영한 가격 구간입니다. 쉽게 말해 더 나빠질 것이 없는 시점까지 빠졌습니다. 가장 최악일 겁니다. 그리고 이때 코로나19로 역대급 증시폭락이 있었죠. 최악의 실적 정점과 증시폭락 정점이 동시에 만들어진 구간입니다. 가장 공포스럽지만 투자의 최적기였죠. 저는 보통 투자할 종목이 선정되면 연간 단위 기준으로 투자 시점을 봅니다. '올해? 아니면 내년?' 이런 식이죠. 그리고 1~4분기를 기준으로 다시 쪼갭니다. 가장 최악이 몇 분기인지. 이 책에서 정말 모든 것을 가르쳐 드리네요. 제 얼굴을 한 번씩 떠올려 보시기 바랍니다.

3번 구간에서 실적개선 기대감이 본격화되면서 주가는 본격적으로 바닥에서 탈출합니다. 이때부터는 호재, 모멘텀, 이슈, 매수 리포트, 목표가 상향 조정, 메이저 수급의 본격 호전 등이 만들어집니다. 기술적으로도 장기 역배열 하락 추세에서 단기, 중·장기 이평선 수렴(5, 20, 60, 120일선) 또는 정배열 초기의 차트 모습일 겁니다. 이때 하락장이 아니라면 이제 시작한다는 생각으로 중·장기 투자를 이어가야 합니다.

최악이었던 2020년 이후 연간 실적을 보시죠. 주가가 왜 2020년 말부터 회복되고 이후 코로나19 돌발 악재로 급락이 더 좋은 저가매수 기회를 줬는지 말이죠.

POSCO 2020~2022년 실적

(단위: 억 원)

POSCO(005490) 연간 / 분기

구분	20.12(P)	21.12	22.12
매출액	577,928	709,998	733,847
영업이익	24,030	78,004	70,100
순이익	17,882	57,734	49,687

2020년 2조 4천억 원 → 2021년 무려 7조 8천억 원입니다. 당연히 주가는 최대 실적을 반영해 올라야 정상이지만 여기서 체크해야 할 것은 상승하던 주가의 정점입니다. 2021년 최대 실적을 미리 반영해 주가는 2021년 상승세를 보이겠지만 2022년까지 상승하기는 힘듭니다. 2022년까지 주가가 오르려면 최소 약 10조 원 이상을 보고 가야 하는데 쉽지 않죠. 그래서 포스코 주가는 2021년 어디선가 미리 고점을 만든다고 봐야 합니다.

이제 4번 구간입니다. 모멘텀, 호재성 뉴스, 연일 긍정적인 투자 의견이 이어지면서 가장 화려한 구간으로 주가는 오르지만 앞에서 말한 대로 최대 실적을 미리 반영해 올라가는 주가는 분명히 고점을 만들게 되어 있습니다. 4번 구간의 대이격(주가와 중기 이평선의 괴리), 이격이 최대한 벌어지고 가장 화려한 주가 수준의 어디선가 투자를 마쳐야 합니다.

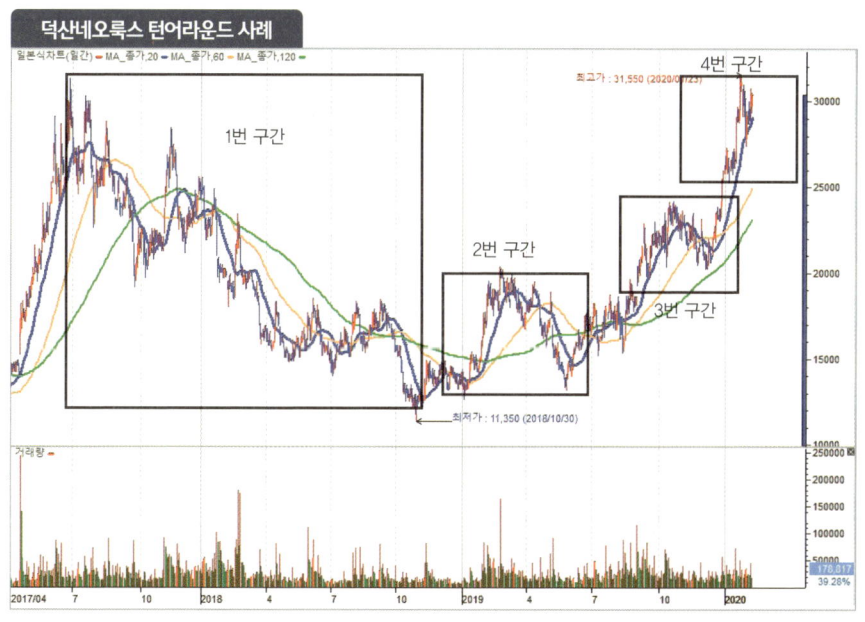

덕산네오룩스는 2018년 12월 저희가 바닥투자를 시작한 종목입니다. 무려 2년을 기다려 바닥을 잡은 종목인데요. 2018년 말과 2019년 1월에도 계속 매수했습니다. 이후 2번 구간에서 상승세를 보이다가 2019년 3월 이후 코스닥, 코스피 폭락의 영향으로 다시 제자리로 돌아왔죠. 이때 주가는 14,000~15,000원입니다.

저희는 본격적인 턴어라운드 시점으로 보고 이때부터 장기투자를 시작했습니다. 이때 2019년 초 이 종목과 동일하게 바닥주 투자를 시작했던 종목이 DB하이텍이었는데 차트를 남겨드리겠습니다. 앞의 POSCO 사례와 비교하면서 1~4번 구간의 특징과 변화를 동일하게 접목해 공부하시기 바랍니다.

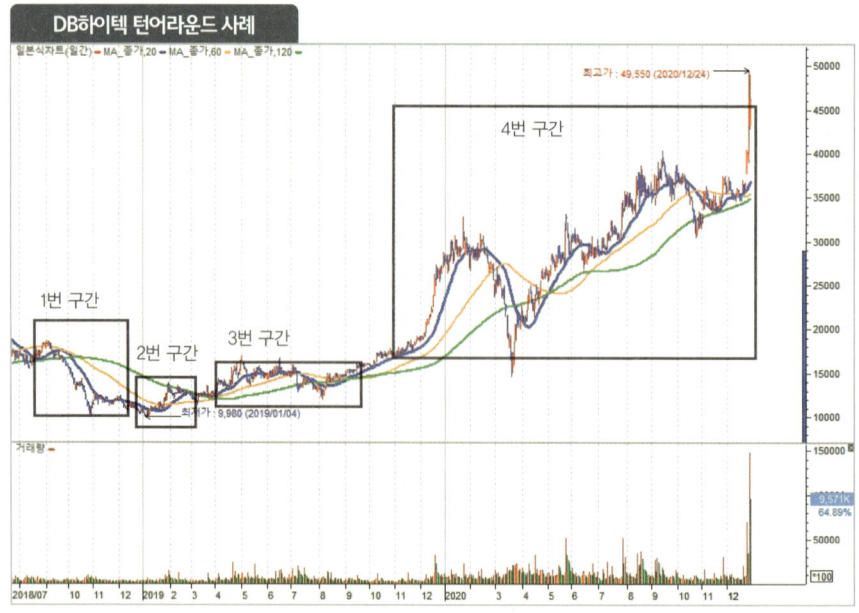

DB하이텍은 1~4번 구간을 동일하게 해석하면 되는데 4번 구간에 진입해 주가가 급등하기 시작하다가 2020년 3월 일시적으로 폭락한 지점이 보이실 겁니다. 이때는 이 종목의 문제가 아니라 코로나19라는 역대급 폭락장의 영향으로 단기 폭락했지만 추세를 되찾아가는 과정을 보실 수 있습니다. 이런 경우도 있다는 것을 알아 두시고 이럴 때는 2, 3번 구간에서 주식을 못 산 분들께 오히려 좋은 투자 기회를 주는 것으로 봐야겠습니다.

NAVER는 2019년 제가 바로 파란색 박스에서 투자를 시작했습니다. 종목을 미리 정해두고 주가가 싸질 때를 기다린다고 말씀드렸는데 투자 종목으로 NAVER를 선정한 것은 2018년 초였고 실제로 투자를 시작한 것은 1년 반이 지난 2019년 여름이었습니다.

1번 구간 초를 보면 이때 주가는 약 20만 원입니다. NAVER는 2015년 액면분할 전 약 50만 원 전후에서 바닥을 만들고 100만 원 수준까지 100% 올랐습니다. 이때가 1번 구간인 2018년 1월입니다. 이때 NAVER는 액면분할을 진행했고 저는 주가 거품이 빠지길 기다렸죠. 이때 고점은 약 20만 원이고 이후 1년 반 동안 10만 원 초반까지 반토막났습니다. 이때가 2번 구간의 파란 박스입니다. 기다렸던 때가 온 거죠.

주가하락이 본격화된 2018년은 연간 영업이익 1조 원대가 무너진 해였습니다. 당연히 주가는 미리 반영해 하락세를 보였습니다. 1조 원대 재진입은 2019년 이듬해였으니 1년 반 동안 고점 대비 반토막난 2번 구간은 향후 본격적인 실적개선 기대감이 살아날 것을 예상해 투자를 진행해야 할 구간입니다.

2016~2018년 NAVER 실적 추이표를 보면 아실 겁니다.

(단위: 억 원)

NAVER 2016~2018년 실적

NAVER(035420) 연간 / 분기

구분	16.12(P)	17.12(P)	18.12(P)
매출액	40,226	46,785	55,869
영업이익	11,020	11,792	9,425
순이익	7,591	7,701	6,279

NAVER 2018~2020년 실적 (단위: 억 원)

NAVER(035420)	연간	분기	
구분	18.12(P)	19.12(P)	20.12(P)
매출액	55,869	43,562	53,041
영업이익	9,425	11,550	12,153
순이익	6,279	3,968	8,450

　언제가 정점이고 최악이었는지 보이실 겁니다. 주가가 어떻게 움직였는지 함께 연구해 보시기 바랍니다.

04

역대급 폭락은 절대로
놓칠 수 없는 역대급 기회다!
무엇을 살 것인가?

역대급 폭락장은 10년 주기로 한 번씩 온다고 합니다. 지난 2008년 금융위기와 2020년 코로나19로 글로벌 증시는 폭락했습니다. 주식투자자라면 이 정도 역대급 위기만 알아도 될 텐데요. 위기가 찾아온 이유나 위기가 사라지는 과정 등은 자세히 다루지 않겠습니다. 유튜브 등에 관련 설명과 내용이 많으니까요.

제가 설명하려는 것은 주식투자자에게 항상 크고 작은 위기가 찾아온다는 것입니다. 작은 위기로 인한 급락이나 오랜 만에 찾아오는 역대급 위기도 있습니다. 투자로 큰 성과를 내는 투자자라면 위기에 강해야겠죠? 저도 위기에 강합니다. 사실 주식투자는 '제로섬' 게임입니다. 누군가 큰 돈을 벌면 다른 누군가는 많이 잃죠. 많이 버는 것은 다수가 아닌 소수입니다. 소수는 큰 수익을 챙기고 여유가 있지만 다수는 적게 따고 조급한 것이 사실입니다.

위기가 찾아와 전망이 가장 어두울 때 주식투자 자산을 늘리고 확신을 갖고 시간에 투자하는 게임이라는 것과 투자 대상을 지금부터 설명할 겁니다. 우선 주식투자로 큰 수익을 올리는 데 가장 중요한 조건 중 하나는 '때를 사는 것'입니다. 가장 좋을 때 주식을 사는 것이 아니라 시장이 가장 좋지 않은 위기 때 사는 겁니다.

가장 가까운 증시 대폭락 시기였던 2020년 3월 저는 한국경제TV 2시간 짜리 저녁 메인 프로그램에 출연해 특집방송 진행자로 향후 시장 전망과 위기에 대처하는 저만의 전략을 설명했습니다. 당시 투자자와 업계 관계자 모

두 패닉 상태였습니다. 하루 낙폭이 가장 커 모두 넋이 나간 이틀 중 3월 19일이 기억에 남는데 이날 코스피는 전일 대비 장중 -9.5%나 대폭락했습니다. 방송국 사람도 모두 쇼크 먹은 날인데요. 보통 이럴 때 대부분의 패널은 시장 전망과 전략을 내놓기 힘듭니다. 그래서 향후 불확실한 미래에 대한 리스크 관리나 관망 또는 단기 폭락으로 인한 기술적 반등이 나오면 현금 비중을 늘리라고 많이 말합니다.

그날 저는 2시간짜리 특집방송을 진행하면서 자신 있게 하고 싶은 소신 발언을 했습니다. "시청자 여러분, 그동안 저는 이런 상황에서는 주식을 사고 보유 중인 주식은 투매하지 말라고 가르쳤습니다." 그리고 그 이유와 함께 리스크 관리보다 투자 비중을 늘리고 한국 업종대표 대형주를 사들이고 미국 대표 주식에도 당장 투자할 것을 권했습니다. 당시 3월 한 달 내내 제가 진행하는 TV 주식 프로그램에서는 테슬라, 애플, 아마존, 마이크로소프트 4개 종목을 지금 매수해 연말까지 기본으로 장기투자를 권했습니다. 그 이유는 간단했습니다. 이걸 반드시 명심하세요.

우선 바닥주 투자를 하면서 제가 가장 중시하는 것 중 하나는 주식은 미래를 선반영한다는 것입니다. 호재도 선반영하고 악재도 선반영하고 지금 역대급 위기는 맞지만 주가가 어느 정도 반영하면 그 악재가 새롭지 않다는 것을 항상 말하고 있습니다.

*투자팁! '이헌상이 말하는 주가와 악재의 관계'

'세상 모든 악재의 생김새는 다르지만 시장이나 종목에 급격히 악영향을

미치면 영향력이 서서히 떨어지면서 소멸하는 과정은 똑같다.'

그래서 저는 악재는 신선한 악재와 식상한 악재 2가지라고 항상 말합니다. 처음에 신선하고 새로운 악재가 등장해 시장과 주가에 영향을 미치고 급락, 투매, 폭락을 맛보지만 어느 정도 영향을 미친 악재는 슬슬 식상한 악재가 되고 영향력도 떨어집니다. 그때쯤 주가는 항상 싸져 있습니다. 그리고 당시 3월이 증시 바닥이었던 이유는 이렇습니다. 당시 전 세계 증시 폭락은 코로나19 바이러스가 가져왔죠. 우리는 2008년 금융위기와 비교했습니다.

2008년 서브프라임 모기지 사태가 불러온 전 세계 증시 대폭락은 이듬해 3월까지 1년 동안 이어졌습니다. 2008년 연초부터 금융시스템이 붕괴되고 증시는 연일 폭락했고 미국 정부가 내놓은 많은 대책은 먹히지 않았죠. 그러던 중 '무제한 양적완화' 카드를 맨 마지막에 꺼냈는데 그때가 2009년 3월입니다. 그때 증시는 바닥을 치고 본격적인 초대형 상승장이 시작되었습니다. 그럼 2020년 3월 미국과 한국 증시가 바닥인 이유는 바로 이 무제한 양적완화를 이때 코로나19 확산과 함께 경기침체 우려가 처음부터 꺼내놨다는 것입니다. 코로나19로 인한 경기침체 우려를 한 방에 잠재우는 카드였죠. 사실 이것은 마지막 카드였는데 맨 먼저 꺼낸 것입니다. 이제 증시는 바닥이고 그동안 빠졌던 폭락을 회복하는 강한 반전이 본격화된다는 것은 투자자로서 당연히 노려야 힐 중·장기 투자 기회였습니다.

당시 코스피 저점은 1,439포인트였는데 저는 1,700포인트가 깨질 때부터 주식을 사모으는 전략을 시작했습니다. 여기서 의문이 생길 겁니다. "거기가 저점, 바닥이 아니었잖아요?" 맞습니다. 하지만 정확한 저점을 잡는 것은 별로 중요하지 않습니다. 폭락할 때는 저점이 언제 오고 언제 올라갈까 생각하겠지만 폭락 속도만큼 상승 속도도 빠릅니다.

여기서 한 가지 말씀드립니다. 저점에서 바닥에서 주식을 사려고 정확한 바닥점을 잡으려고 하지 말고 저점 덩어리, 바닥 덩어리 구간을 만들어 그 덩어리에서 사모으면 됩니다. 정확한 저점을 잡는 것보다 중요한 것은 투자한 주식을 목적지까지 가져가는 것입니다.

증시 폭락 후 바닥을 치는 과정에서 향후 본격적인 턴어라운드가 기대된다면 무엇을 사야 할까요?
각자 투자 스타일이 다르겠지만 증시가 폭락하면 저는 주로 중대형주 투자를 권합니다. 이것은 한국과 미국 주식 같이 보시면 됩니다. 추가로 알려드릴 것은 다음과 같습니다.
  - 증시 폭락 이전에 시장을 주도한 종목군은?
  - 증시 폭락의 최대 수혜 업종은?
  - 시총 상위 대형주 중 가장 많이 떨어진 종목군은?
  - 증시 폭락 전에 업황과 실적 턴어라운드를 시작하던 종목군은?

그럼 어느 업종군과 종목군에 투자했어야 할까요? 2020년 3월 폭락장이 시작되기 전에 산업 패러다임 변화와 함께 본격적인 성장 스토리가 예고되면서 주가가 턴어라운드를 시작하던 종목군이 있었습니다. 바로 전기차, 배터리 관련주였죠. 배터리를 만드는 LG화학, 삼성SDI와 2차전지 소재주였습니다. 코스피의 역대급 폭락으로 인한 삼성전자 투자 매력 부각과 코로나19 악재로 인한 언택트 대장주였던 카카오, NAVER도 있었죠. 그 외 시총 상위 종목 중 현대차, KB금융, 셀트리온 등도 투자매력도가 높았습니다.

    2020년 3월 당시 제가 장기투자를 권했던 미국 주식도 마찬가지였습니다. 그럼 당시 우리가 투자했던 일부 대형주의 1년간 차트를 보시고 왜 바닥에 사서 장기투자를 해야 하는지 보시죠. 관련 종목의 자세한 투자 비법은 이후 알아보겠습니다.

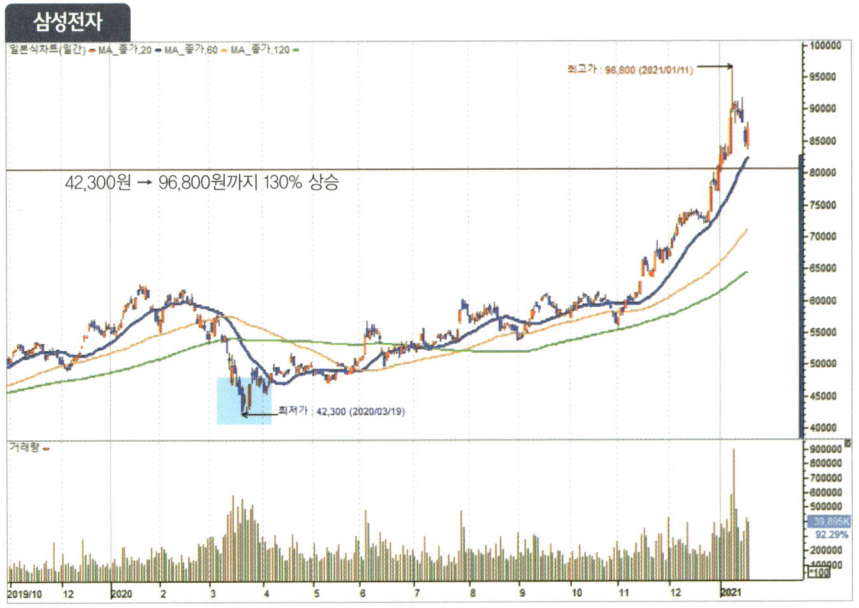

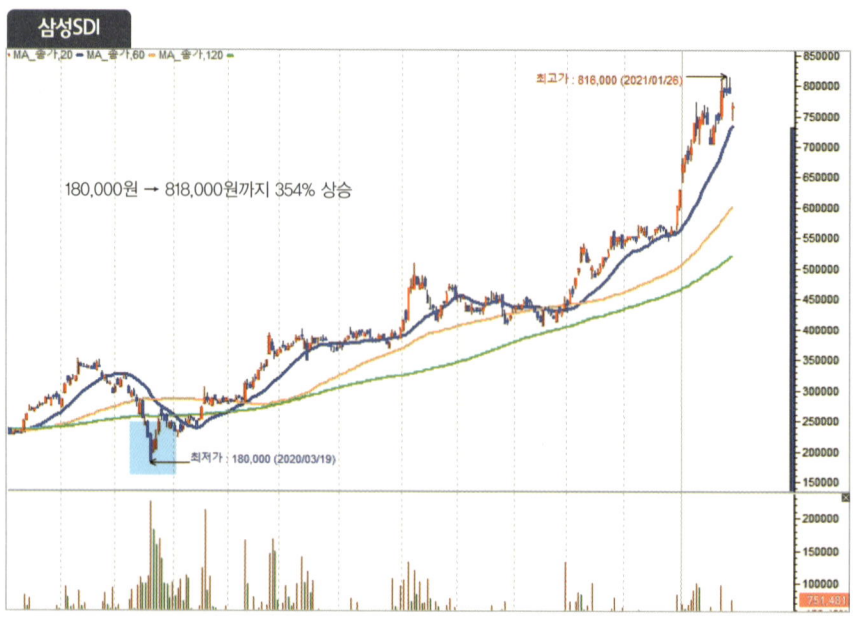

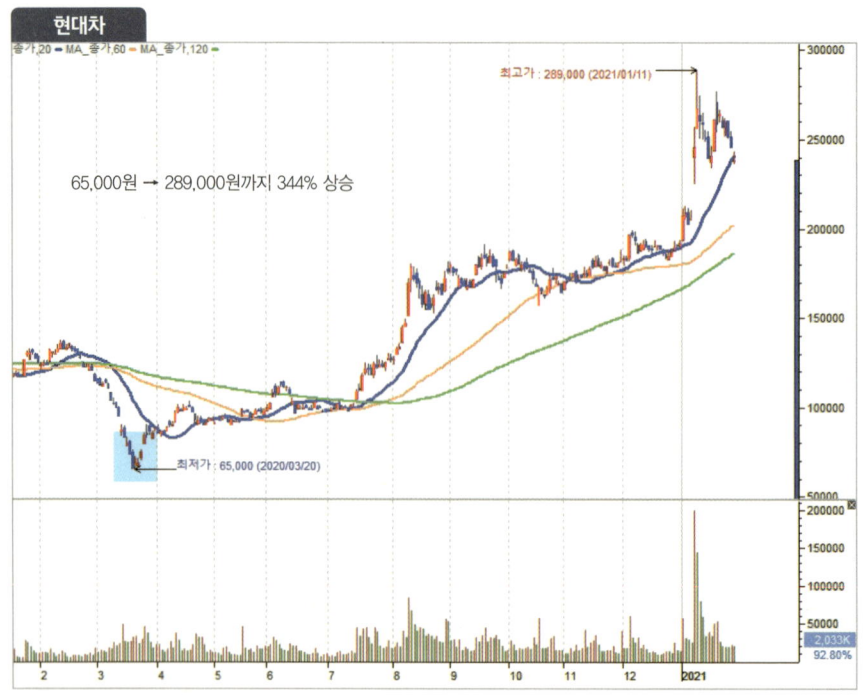

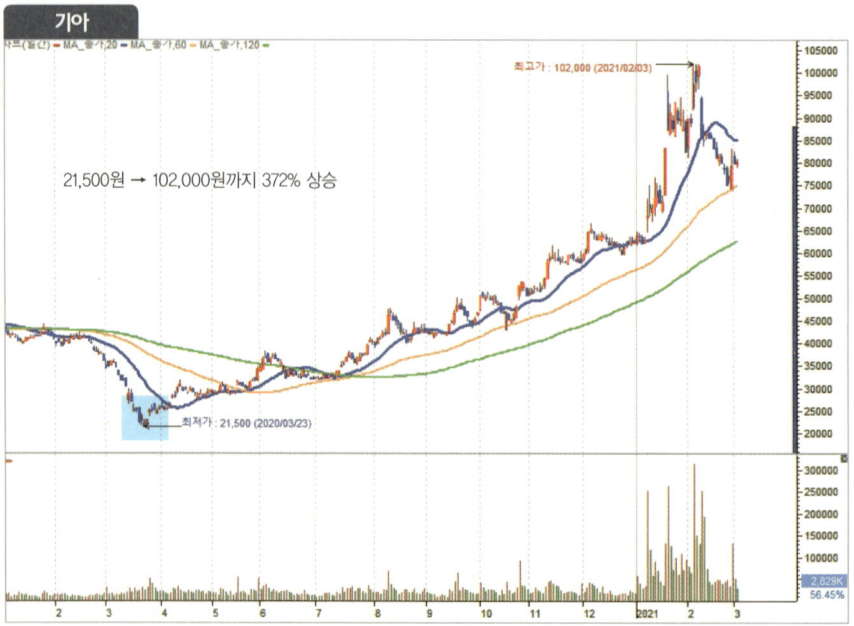

참고로 당시 반드시 투자해야 할 미국 주식으로 소개한 4인방 주가상승률은

- 테슬라: 70달러 ➜ 900달러, 1,180% 상승
- 애플: 53달러 ➜ 145달러, 173% 상승
- 아마존: 1,626달러 ➜ 3,500달러, 111% 상승
- 마이크로소프트: 132달러 ➜ 245달러, 85% 상승

그럼 지금부터 본격적으로 황금바닥주에 투자하고 시간에 투자하는 방법을 소개하겠습니다.

05

중·장기 투자할 때
피해야 할 주식과 사야 할 주식

저는 주식투자와 주식매매는 전혀 다르다고 가르칩니다. 보통 투자자들은 주식매매를 주식투자로 생각할 겁니다. 명확히 구분하면 주식투자는 중·장기 투자이고 주식매매는 단기 매매입니다. 성공적인 주식투자는 결국 성공적인 중·장기 투자입니다. 그럼 왜 주식투자를 하고 중·장기 투자를 할까요? 제가 중·장기 투자를 권하는 이유는 간단합니다. 장타를 치기 위해서입니다.

야구를 예로 들면 번트나 단타는 치지 않는 겁니다. 나는 홈런 타자이고 단타보다 장타를 잘치는 선수라는 겁니다. 장타를 치려면 중·장기 투자를 잘해야 합니다. 물론 단기간에 장타를 치려면 대박을 내기 위해 대부분의 투자자는 급등주를 찾는데 개인투자자에게 급등주를 추격해 성과를 내는 방법은 한두 번 성공하더라도 결코 바람직한 투자 습관은 아닙니다. 주식은 좋은 투자 습관을 꾸준히 이어가는 것입니다.

중·장기 투자를 할 때 피해야 할 주식과 사야 할 주식
중·장기 투자를 할 때 피해야 할 주식
어느 정도 큰 투자성과를 낼 때까지 긴 시간투자에서 가장 중요한 것은 무엇일까요? 바로 투자할 기업의 안전성입니다.

1. 시총이 큰 종목에 투자하라!

시간투자를 하는 동안 자신이 투자한 회사에 대한 확신은 필수입니다. 바로 신뢰인데 투자 과정에서 상장폐지, 배임, 횡령, 주가조작, 매분기 적자로 위험 수위나 불확실성이 높은 종목에는 시간투자를 하기 힘드므로 가장 중요한 것은 '망하지 않을' 회사에 투자하는 것입니다. 초보투자자가 안전한 종목을 선정하는 가장 쉬운 방법은 시총이 큰 종목을 사는 것입니다.

시총이 큰 종목에 투자하면 상장폐지나 기타 불확실성이나 미래의 큰 리스크를 피할 수 있습니다. 물론 시총이 큰 종목은 오르기에 무겁다는 편견도 있지만 결코 그렇지 않습니다. 우리가 급등주를 매매하는 것도 단타가 목적이 아니기 때문입니다. 안전한 종목으로 시간투자를 시작해 큰 성과를 내는 것이 우리가 추구하는 투자 스타일입니다.

1. 최근 1년 동안 200% 이상 오른 주식은 피하는 것이 좋다.

이것은 결국 '먹을 폭'을 말합니다. 제가 투자를 시작할 때는 먹을 폭에 대한 기대수익률이나 목표수익률이 보여야 합니다. 단기간에 이미 많이 올랐다면 내가 먹을 폭이 줄어드니 오르기 전에 주식을 사야 합니다.

2. 2년 이상 상승 추세인 종목은 피하는 것이 좋다.

2년 이상 장기 상승 추세인 종목은 좋은 종목입니다. 호실적이 이어지면서 성장세가 이어지고 업황도 좋고 모멘텀도 많아 개인투자자가 가장 선호하는 종목이겠지만 저는 이런 종목에는 투자하지 않습니다. 오히려 저는 "2년 동안 이 종목이 오르는 동안 너는 뭐했니?"라고 묻고 싶습니다. 그렇습니다. 투자를 시작하기에는 이미 늦었습니다.

물론 2년 이상 주가가 올랐다고 더 이상 오르지 말라는 법은 없지만 제 투자원칙 중 하나는 '때가 늦은 종목에는 투자하지 않는다'입니다. 우스갯소리로 남 좋은 일 시키지 않고 성공투자를 위해 좋은 습관을 꾸준히 유지하라고 말합니다. 우리는 바닥주에 투자하고 장타를 치기 위해 시간투자를 합니다. 제가 권하는 성공투자의 좋은 습관은 망하지 않을 회사가 최악일 때 주식을 사 가장 좋을 때까지 투자하는 것입니다.

3. 급등하는 개별 테마주에는 중·장기 투자를 하지 않는다.

시장에서는 항상 일시적으로 테마가 형성됩니다. 단기간에 이슈가 되는 테마주는 호재성 재료가 나올 때부터 단기간에 주가가 급등합니다. 대부분의 투자자는 초기에 이런 주식을 잡을 수 없습니다. 보통 이미 한 번 급등한 후 투자를 시작하는데 주가가 더 오르는 경우도 있지만 길게 멀리 가는 주식은 드뭅니다. 단기간에 급등하고 재료는 영향력이 점점 떨어지면서 소멸하고 급등 초기에 들어온 수급도 차익물량이 출회됩니다. 주식투자는 '제로섬' 게임입니다. 누군가 벌면 누군가는 잃습니다. 이 점을 가장 경계해야 합니다.

늦었다고 판단되면 아무리 좋아 보여도 '내 것'이 아니라고 보는 것이 현명합니다. 투자할 좋은 종목은 항상 주변에 많습니다. 다만 본격적으로 주가가 오르기 전에 잘 보이지 않을 뿐이며 이 책에서 설명하는 노하우를 잘 연구한다면 분명히 대중보다 먼저 바닥에서 투자할 수 있을 겁니다.

중·장기 투자를 할 때 사야 할 주식(투자 고민을 해야 할 때)
 1. 수년 동안 업종대표주가 떨어졌을 때
 2. 중·장기 하락 추세가 진정되고 상승 추세로 전환되었을 때
 3. 단기간에 업종대표주가 -50% 이상 급락했을 때
 4. 장기하락 후 연기금이 매집을 시작했을 때

1년 중·장기 투자 목표수익률은?

　1년 중·장기 투자를 시작할 때 제 목표수익률은 40% 이상입니다. 적다고 생각할 분도 계시겠지만 1년에 40% 수익은 결코 적지 않습니다. 여기서 중요한 것은 최소 40% 이상 수익률을 올릴 먹을 폭이 보일 때 투자하는 것입니다. 투자 결심을 하고 선정한 종목은 보통 40% 이상 수익률이 나옵니다. 물론 1년이라는 투자 기간을 반드시 고수할 필요는 없습니다. 1년 동안 40% 수익을 목표로 삼다 보면 2~3개월 만에 목표수익률을 달성하는 경우도 많습니다. 이때 투자를 종료하거나 더 높은 수익률을 목표로 홀딩합니다. 보통 저는 후자입니다. 또는 1차로 절반을 차익 실현하고 투자를 계속 이어갑니다. 1차 차익 실현한 물량은 다른 바닥주에 투자합니다.

　저는 "주식을 사서 10% 수익을 가져갈 수 있어야 20%를 먹을 수 있고 20%를 먹을 수 있어야 30~40% 수익을 낼 수 있다. 40% 이상 수익을 낸 수 있다면 60~70% 또는 그 이상 100~200% 수익도 낼 수 있다"라고 자주 말합

니다. 기대수익률 3%, 5%, 10%의 단타매매자는 생각하기 힘든 수익률이지만 우리는 이렇게 실천하고 있습니다.

많은 사람은 주식투자를 시작하면서 '꿈의 수익률'이 있습니다. 막연히 1년에 100%, 수백% 수익률을 상상하죠. 하지만 이런 수익률이 비현실적인 것은 아닙니다. 물론 좋은 때가 있습니다. 쌀 때 미리 사두는 투자습관, 길게 투자하는 시간투자, 단일 투자 종목(몰빵투자)보다 여러 종목에 투자하되 바닥주에 투자한다면 이런 수익률이 결코 비현실적인 것은 아닙니다. 저의 좋은 투자습관은 황금바닥주 여러 종목을 미리 사 시간투자를 하는 낚싯대 던지기인데 주식으로 낚시하는 방법은 다시 자세히 설명하겠습니다.

06

바닥주에 낚싯대 여러 개를 던져두고 주식어부가 되자

저를 조금이라도 아시는 분들은 이 말을 많이 들었을 겁니다. "여러 바닥주에 낚싯대를 던져두고 고기가 물면 추가한다"

개인투자자가 주식투자를 할 때 항상 먼저 하는 것이 있죠. 몰빵, 뇌동매매, 급등주 매매, 단타매매 등입니다. 운 좋게 큰 성과를 올리는 분도 있습니다. 한두 번 성공하면 곧 습관이 됩니다. "아, 주식은 이렇게 하는 거구나! 역시 나는 주식을 잘해!"라고 말이죠. 하지만 오래 가지 않을 겁니다. 주식투자 성공 방법은 좋은 투자 습관을 꾸준히 유지하는 것이니까요.

이번 절에서는 바닥주에 낚싯대를 던지는 이유와 던지는 방법, 고기가 물거나 물지 않았을 때의 전략을 설명하겠습니다.

1. 우리는 낚싯대를 어디에 던지는가?

우리가 낚싯대를 던지는 투자종목은 보통 바닥주입니다. 황금바닥 또는 저평가 종목군, 최근 1~2년 동안 큰 시세를 주지 않았거나 실적부진으로 장기조정 후 향후 실적개선이 기대되는 종목 등입니다. 급등주나 소형 개별주, 동전주 등에는 던지지 않습니다. 우리가 낚싯대를 던진다는 말은 그 종목에 시간투자를 시작한다는 뜻입니다. 저평가 종목을 매수해 고평가받는 시점에서 팔거나 최악일 때 사 가장 좋을 때까지 끌고가는 것이 제가 권하는 투자 스타일입니다.

시간투자를 하려면 무엇이 중요할까요? 내 투자자금이 사라지지 않는 겁니다. 그래서 우리는 동전주, 저가주, 소형 개별주에는 시간투자를 안 합니다. 시간투자 과정에서 상장폐지를 당하거나 대주주나 경영진의 횡령, 배임 또는 경영 불확실성이 나타나면 안되게 되어 있습니다. 따라서 낚싯대를 던질 때는 싸고 비싸고 저가권, 고가권, 저평가 등을 따지기 전에 안전한 중대형주에 투자해야 합니다. 저는 보통 코스닥보다 거래소를 선호하고 시총 1조 원 미만 종목에는 잘 투자하지 않습니다. 물론 예외는 있습니다. 다음과 같은 경우에도 시총이 최소 수천억 원 이하인 종목에는 투자를 꺼립니다.

1. 우리는 왜 바닥주에 낚싯대를 던지는가?

앞에서 설명한 내용 중 시간투자를 할 때 안전성이 있었습니다. 하지만 안전하다고 수익이 나는 것은 아니죠. 저는 먹을 폭이 많은 종목을 선호합니다. 주가가 많이 떨어져 향후 본격적으로 오르기 시작할 때 투자수익을 크게 올릴 수 있는 종목에 시간투자를 하는데 이것이 중요한 이유입니다.

상식적으로 생각해보세요. 수년 동안 꾸준히 올랐거나 1~2년 동안 10배나 올랐다면 과연 먹을 폭이 클까요? 이미 큰 성과를 낸 사람이 대부분이고 이제 투자를 시작하는 사람들은 뒷북입니다. '남 좋은 일' 시키는 거죠. 이렇게 가장 화려해 보이는 주식은 대부분의 개인투자자에게 결국 큰 손실을 준다는 것을 기억해야 합니다. 제가 바닥주에 더 많은 낚싯대를 던져두는 것은 먹을 폭이 크고 큰 돈을 잃지 않기 위해서입니다.

이제 여러분의 차트를 열어 씨젠 차트를 보십시오. 씨젠은 2020년 코로나19 팬데믹 이전까지는 시장의 주목을 받지 못했지만 2020년 전 세계적인 팬데믹과 국내 코로나19의 대유행으로 진단키트가 주목받으며 주가는 반 년 동안 무려 840% 대폭등했습니다. 저는 2020년 하반기와 이미 백신개발과 접종 시작 전망이 나오기 시작한 2020년 10월부터 이 주식은 끝났다고 알려드렸습니다. 그렇습니다. 세상의 급격한 위기가 이 종목에게는 가장 큰 수혜였습니다. 정점을 지나면 떨어질 일만 남았다고 봐야 합니다. 2020년 하반기 반 년 동안 8배 이상 급등했지만 많은 투자자가 이 종목을 매수했고 현재 반토막 이상 손실을 보고 있을 겁니다. 낚싯대를 던질 때는 지금 당장보다 시간투자를 길게 하더라도 앞으로 좋아질 바닥주에 투자할 것을 권합니다.

2. 우리는 낚싯대를 왜 여러 개 던지는가?

바로 분산투자 때문입니다. 내가 산 주식과 시장이 매일 오르는 것은 아닙니다. 여러 종목군 분산투지기 불확실한 시장과 번수 속에서 리스크를 분산하고 높은 수익률 게임을 안정적으로 운영하는 방법입니다. 물론 한 종목에 '몰빵' 투자하거나 1~3개 종목으로 압축해 투자하면 수익이 날 때는 더 큰 수익을 올린다는 장점이 있지만 하락하거나 시장이 부진하거나 다른 종목이 오를 때 소외되면 상당한 피로감과 스트레스를 받습니다. 그런 경우를 수없이

봐왔습니다.

　낚싯대를 여러 개 던지라는 이유는 2가지입니다. 시장이나 계좌 수익률에서 소외되기 싫고 부득이 손실이 나더라도 큰 손실을 피하기 위해서입니다. 1억 원 투자자금으로 10개 종목에 1~10번 낚싯대를 던졌다면 10개 모두 떨어지는 날은 드뭅니다. 섹터별로 분산해 낚싯대를 던졌기 때문입니다. 몇 개가 떨어지더라도 다른 몇 개가 오르게 되어 있습니다. 그 종목 중 시장보다 강한 종목이 분명히 나타나거나 단기간에 급등하기도 합니다.

3. 물고기가 물었을 때와 물지 않았을 때의 대처 방법
　던져둔 낚싯대에 물고기가 물었다는 것은 투자를 시작한 종목의 주가가 오르기 시작한다는 것이죠. 저는 낚싯대 전략을 이렇게 심플하게 정리합니다. 물고기가 문 낚싯대는 시세를 누리고 물고기가 물지 않은 낚싯대는 놔두고 기다립니다. 낚싯대가 휘청거리거나 미끼가 빠진 것, 예를 들어 주가가 하락하면 추가 매수를 고민합니다.

　물고기가 물면 보통 주식을 더 매수합니다. 바닥 종목을 사뒀는데 본격적으로 오르기 시작하면 보유하면서 수익을 극대화하거나 더 매수해도 되는데 이것을 바닥주 '흙타기', '불타기'라고 표현할 수 있습니다. 물고기가 물지 않은 낚싯대는 가만 놔둡니다. 오를 때가 아직 안 되었다고 보면 됩니다. 오르지 않는 주식을 미리 사두는 것도 좋지만 보통 투자 비중을 채운 경우에는 자꾸 추가 매수하기보다 오르기 시작할 때 추가하는 것이 바람직합니다. 하지만 물고기가 물지 않은 낚싯대에 시간투자를 할 수 있는 것은 바닥주에 투자했기 때문입니다.

던져둔 낚싯대, 즉 매수해둔 종목의 주가가 떨어질 때는 어떡해야 할까요? 바닥 확신이 있는 종목이라면 일시적인 일정 수준의 조정은 무시하는 것이 맞습니다. 이때 제가 자주 말씀드리는 바닥의 덩어리 가격대에서 벗어나지 않으면 유지하고 이탈하면 다음 저점 덩어리에서 추가하거나 기다립니다. 이 정도 되면 주가는 이미 단기 하락하고 반전이 나올 시점인 경우가 많으니까요.

정리하면 이렇습니다. 여러 개의 바닥주에 낚싯대를 던져두고 오르지 않는 주식은 놔두고 오르기 시작하는 주식은 수익을 극대화합니다. 오르기 시작한 종목이 큰 수익을 주기 시작하고 어느 정도 올라 쉴 때가 되면 다른 낚싯대를 고기가 물게 됩니다. 순서가 되면 오르기 시작하는 순환상승이 이런 개념이라고 보시면 됩니다. 낚싯대는 한 번에 던지지 않습니다. 한 번에 다 사지 않는다는 말입니다. 보통 1차 매수 또는 입질 매수를 해두고 주가와 상황의 변화를 보면서 천천히 추가하고 본격적으로 오르기 시작하는 변곡점이 나타날 때는 추가 매수로 수익을 극대화합니다. 이 대목에서 본격적으로 오르기 시작하는 변곡점은 무엇일까요?

여기서의 변곡점은 주가의 변곡점입니다. 박스권을 돌파하거나 직전 고점을 돌파하거나 지지부진한 횡보 이후 대량거래 장대양봉을 만드는 날입니다. 이때 한 가지 변화는 바로 수급입니다. 중대형주라면 반드시 개인의 대량 매도가 나오고 외국인, 기관계, 투신, 연기금 등이 대규모 매수를 시작하거나 연속 매수를 합니다.

07

돈되는 만큼 낚싯대를 던져두고 고기가 물면 흙타기(불타기)로 수익을 극대화한다

　주식투자하는데 웬 낚시 이야기인가 생각하는 분이 많겠지만 투자를 낚시에 비유하면 이해하기 쉽습니다. 우리는 주식뿐만 아니라 다른 투자 대상에도 투자합니다. 제가 선호하는 방법은 낚싯대를 던져두는 것입니다. 자산을 여러 투자처에 분산시키는 방법인데 여기서 중요한 것은 고르게 투자하고 한쪽이 좋을 때 그쪽에 투자 비중을 늘리는 것입니다. 이 방법을 주식투자에 접목해봅시다. 이 방법의 효과를 극대화하려면 주식이 쌀 때 사야 합니다. 바닥에 있는 주식을 사고 상당 기간 이미 급등한 종목은 피해야 합니다. 제가 선호하는 방법은 쌀 때 이것저것 사두고 오르기 시작하는 종목을 더 사들이는 것입니다.

　낚싯대 기법의 가장 중요한 대목은 쌀 때 사두는 것인데 많은 투자자가 바닥 주식을 사고 싶지만 못사는 이유가 있습니다. 어디가 바닥이고 바닥주가 언제 오를지 몰라 괜한 시간낭비로 여겨 대부분 급등 종목이나 시장 인기주인 핫한 종목을 선호하는 경향이 많습니다. 재미있는 것은 우리가 항상 바닥에서 사 시간이 흐르면 오른다는 것입니다. 한참 오르면 핫한 종목, 시장 인기주, 지금이라도 모두 사고 싶은 종목이 됩니다. 그래서 저는 "우리만의 리그가 있고 그들만의 리그가 있다. 우리가 가장 싸게 사 시간이 흐르면 그들이 우리 주식을 올려준다"라고 자주 말합니다. 제가 주식으로 낚시하는 방법을 설명하겠습니다.

1억 원을 주식에 투자한다면 우선 낚싯대를 던져둬야 합니다. 10개 종목에 투자한다면 주요 유망 섹터별로 차근차근 입질 매수를 시작합니다. 입질 매수는 1차 매수로 봐도 됩니다. 종목당 10%씩 투자한다면 5%를 매수합니다. 입질 매수를 낚싯대 던지기로 보면 됩니다. 이렇게 낚싯대를 하나씩 던지다 보면 낚싯대가 늘어납니다. 낚싯대 10개를 던졌다면 고기가 물기를 기다립니다.

1번 낚싯대가 물면 추가 매수하고 2번, 3번 낚싯대가 물지 않으면 놔두고 기다리면 됩니다. 그러다가 5번 낚싯대를 물고기가 물면 추가 매수하면 됩니다. 물론 실패하는 종목도 나올 수 있으므로 가장 중요한 것은 바닥에서 싸게 사는 것입니다. 싸게만 사두면 결국 그 주식은 오르게 되어 있습니다. 물고기가 입질하는 즉, 주가가 반짝거릴 때가 있습니다. 주가가 연일 오르내리는 경우인데 그러다가 본격적인 상승을 보이는 변곡점이 나타납니다. 그때가 바로 물고기가 문 시점입니다. 이렇게 물고기가 물었다고 판단되면 그 주식을 추가 매수해 수익을 극대화하면 됩니다. 물고기가 물어 추가 매수해야 할 시점의 특징을 살펴봅시다.
- 본격적인 호재성 뉴스가 나올 때
- 차트상 변곡점, 이전에 없던 대량 거래량과 장대양봉
- 수급상 외국인+기관투자자 특히 투신과 연기금의 대량 순매수가 시작되는 지점
- 최근 박스권을 돌파하는 시점 등

물론 이것이 전부는 아니지만 이런 주가상승 변곡점, 고기가 물었을 때는 과감한 추가 매수로 수익을 극대화합니다. 주식시장에서는 이것을 '불타기', '흙타기'라고 합니다.

2020년 하반기 기준으로 제가 던져둔 낚싯대 섹터는 반도체, 자동차, 부품, 2차전지, 화학 등이었습니다. 대표적으로 삼성전자, SK하이닉스, 현대차, 기아차, 현대모비스, 현대위아, 삼성전기, 삼성SDI, LG화학, 롯데케미칼 등이었는데 이 종목들에 낚싯대를 던져두고 물고기가 물면 즉, 주가가 본격 상승하기 시작하면 추가 매수로 수익을 극대화했습니다.

불타기, 흙타기란?

주식투자에서 가장 흔한 전술은 '물타기'일 겁니다. 매수가 대비 주가가 떨어지면 대부분의 투자자는 주식을 더 매수해 단가를 낮추는데 '물타기'의 반대 개념이 '불타기', '흙타기'입니다. '불타기'로 더 큰 불을 만들고 '흙타기'로 적은 흙이 모여 거대한 산을 이루는 느낌으로 생각하면 됩니다.

다음은 제가 자주 구사하는 '흙타기'를 설명하겠습니다. 바닥주에 낚싯대를 던져두고 물고기가 물면 즉, 주가가 오르기 시작하면 추가 매수로 수익을 극대화하는 방법입니다. 그럼 흙타기는 언제 해야 할까요?

- 박스권을 돌파할 때
- 최근 고점을 돌파하면서 주가 레벨업이 본격화될 때
- 하락 추세선을 넘어서는 상승 변곡점이 만들어졌을 때
- 외국인과 기관 등의 메이저 대량수급이 발생했을 때
- 대량거래를 동반한 장대양봉이 처음 만들어졌을 때

실제로 우리가 바닥에서 투자를 시작해 흙타기 추가 매수를 진행한 사례를 살펴보겠습니다. 여러분은 표시된 낚싯대를 던지는 시기와 추가 매수 진행 시기 등을 보고 이 구간에서 수급과 재료 등에 어떤 변화와 기대감이 생겼는지 공부하시기 바랍니다.

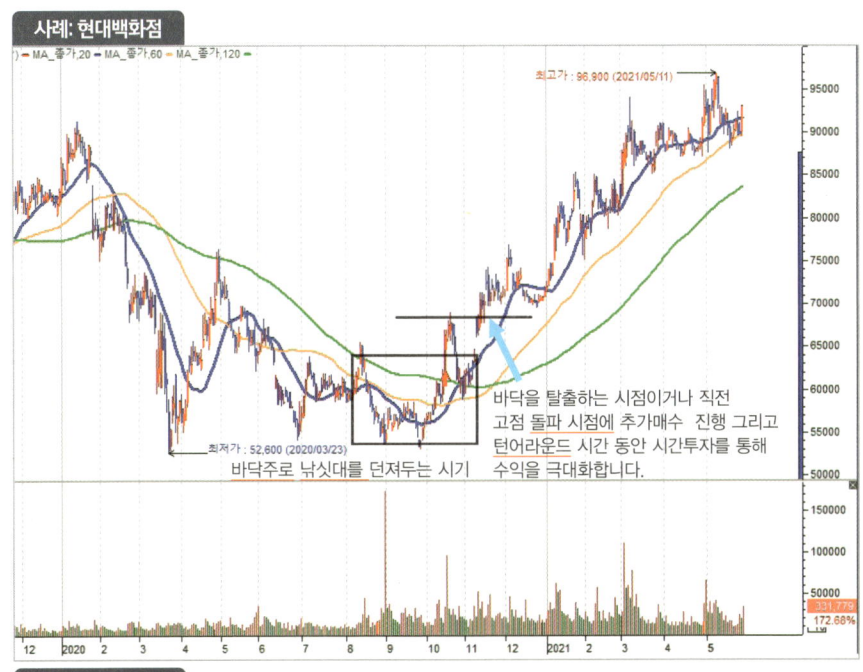

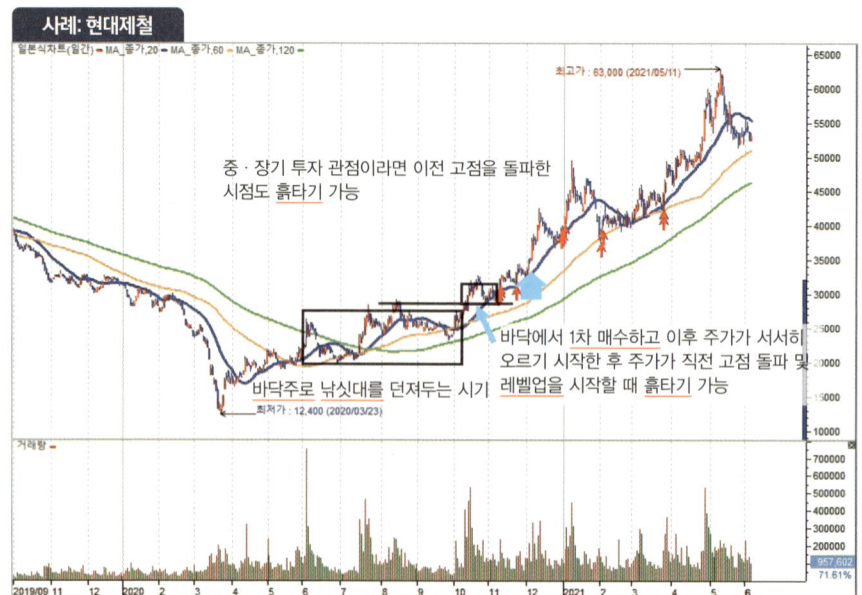

주식, 사자처럼 투자하고 거북이처럼 간다

Chapter 3

놓칠 수 없는 뻔한 승부들과 황금바닥 잡는 방법

01

뻔한 승부에 시간과 정성을 아낌없이 쏟아부어라!

제가 가장 좋아하는 승부는 뻔한 승부입니다. 어떻게 시작하든 과정이 어떻든 시간이 얼마나 걸리든 상관없습니다. 투자에서 가장 여유 있으니까요. 그래야만 어차피 이기는 게임을 합니다. 이 뻔한 승부가 이 책을 읽는 모든 투자자가 원하는 승부이겠지만 대부분 위험한 승부로 주식투자를 시작해 어쩔 수 없이 계속하죠. 운좋게 투자 초기에 큰 성과를 올린 분이 갑자기 손실을 보면서 실패할 경우 즉 돈을 잃을 경우 뻔한 승부를 해야 할 필요성과 여유는 사라지고 더 위험한 승부를 하게 됩니다. 이렇게 1년이 지나 결국 남은 돈이 사라지는 것을 너무나 많이 봐왔습니다.

성공투자의 지름길과 첩경은 없다고 저는 말합니다. 주식투자를 그만두는 날까지 좋은 투자습관을 꾸준히 유지하는 것이 돈을 벌고 잃지 않는 방법이라고 강조합니다. 여기서 뻔한 승부란 오를 수밖에 없는 주식을 사 시간투자를 하는 것입니다.

저의 수많은 뻔한 승부 사례 중 시총이 비교적 큰 종목으로 설명하겠습니다. 제가 운영하는 유튜브에 투자 유망주로 선정해 추천한 종목으로 설명할 텐데 관심 있는 분은 유튜브 검색창 '이헌상 황금바닥'을 검색해 동영상을 보시면 이해하기 더 쉬울 겁니다. 당시의 느낌, 분석, 전략 등이 영상에 그대로 있으니까요.

유튜브 '이헌상 황금바닥' 2020년 4월 27일 영상_ 은행주, 지금이라도 장기투자 시작하자!

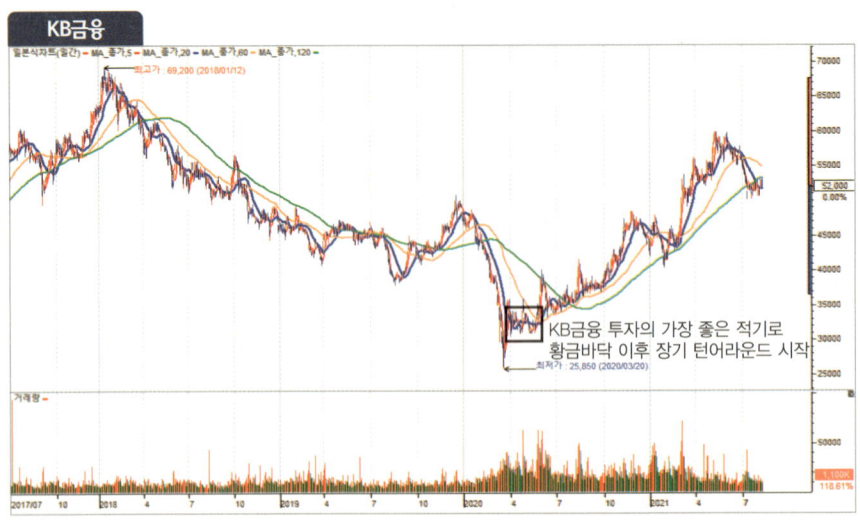

2020년 4월은 코로나19 팬데믹으로 전 세계 증시가 폭락장을 경험하고 소폭의 회복세를 보이던 시기였습니다. 당시 저는 재미난 기사를 봤습니다. '투자의 현인' 워런 버핏이 미국 은행주를 매도했다는 소식이었죠. 하지만 저는 거기에 동의하지 않는다는 영상을 올렸습니다. 당시는 급락한 은행주를 팔 때가 아니라 살 때이고 미국과 한국의 은행주를 수년 내에 가장 싸게 살 역대급 기회 구간이라고 설명했습니다. "지금 KB금융을 매수해 금리인상 시그널 때까지 투자하면 됩니다"라는 결론으로 매우 쉽게 설명했습니다.

당시 주가는 최악이었죠. 사야 할 이유도 없고 은행주를 사라고 아무도 권하지 않았습니다. 이유는 간단했죠. 한 번도 경험하지 못한 팬데믹으로 인한 금융시장 리스크 정도가 가늠되지 않고 경기침체 우려와 불확실성의 극대화가 부담이었죠. 하지만 뻔한 승부였습니다. 팬데믹으로 인한 증시폭락의 절정과 자세한 관련 내용은 뒤에 있으니 참고하십시오.

제가 황금바닥주에 투자하면서 자주 하는 말이 있습니다. 맨 먼저 바닥에서 투자를 시작하면 시간이 가면서 남들이 주가를 올려준다는 거죠. KB금융 주가는 3만 원 초반에서 1년 동안 100% 가까운 상승을 보였습니다. 이하 제가 올려드린 영상 중 뻔한 승부의 일부 종목 관련 썸네일을 올려드리고 간단히 설명하겠습니다. 자세히 공부하실 분들은 '이헌상 황금바닥' 유튜브에 올린 영상을 참고하시기 바랍니다.

유튜브 영상 사례 'SK하이닉스, 속 시원하게 풀어드립니다'

유튜브 채널 '이헌상 황금바닥' 2020년 8월 26일 영상입니다.

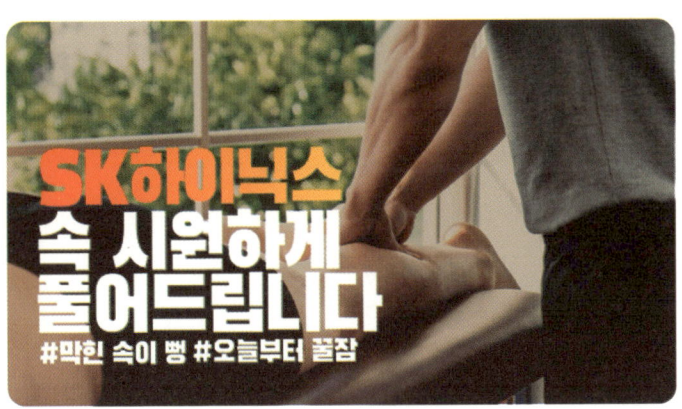

2020년 코로나19발 대폭락 이후 다른 IT 대형주와 비교될 만큼 답답한 주가 흐름이 이어졌지만 반도체 섹터는 하반기부터 본격적으로 오를 테니 가장 답답한 지금이 투자를 시작해야 할 때라고 설명한 영상입니다. 당시 SK하이닉스 주가는 7만 원대 초반이었고 몇 개월 후 15만 원까지 급등했습니다. IT

대표주가 답답한 주가 흐름을 보일 때 미래 흐름을 예측하고 선취매하는 좋은 기법이 영상에 있을 겁니다.

유튜브 영상 사례 넵튠, 500% 수익률의 비밀_크래프톤 IPO 최대 수혜주는?

'이헌상 황금바닥' 채널 2020년 8월 10일 영상입니다.

10년 만의 매수 기회! 현대차 장기투자 시작하라!

'이헌상 황금바닥' 채널 2020년 7월 15일 영상입니다.

 이 종목에 주목하고 투자하라! 현대모비스, 현대글로비스, 현대위아

'이헌상 황금바닥' 채널 2020년 8월 10일 영상입니다.

LG화학 수익률을 뛰어넘어라 #SKC #장기투자 시작

'이헌상 황금바닥' 채널 2020년 8월 21일 영상입니다.

 현대차 없으면 기아차 사면 된다!

'이헌상 황금바닥' 채널 2020년 9월 16일 영상입니다.

LG화학을 매도해 현대제철을 사는 이유

'이헌상 황금바닥' 채널 2020년 10월 13일 영상입니다.

 숨은 원석 롯데케미칼 1년 뒤 보석된다. 지금 투자하라!

'이헌상 황금바닥' 채널 2020년 10월 8일 영상입니다.

한국과 미국 황금바닥주 1탄

'이헌상 황금바닥' 채널 2020년 11월 10일 영상입니다.

- 항공주: 보잉, 아메리칸 에어라인, 유나이티드 에어라인, 델타항공
- 은행주: 시티그룹, 웰스파고

 한국과 미국 황금바닥주 2탄

'이헌상 황금바닥' 채널 2020년 11월 11일 영상입니다.

- 알코아

한국과 미국 황금바닥주 3탄

'이헌상 황금바닥' 채널 2020년 11월 18일 영상입니다.
- 정유, 에너지: 엑손모빌
- 크루즈: 카니발, 로열캐리비언 크루즈, 노르위전 크루즈

이상 당시 유튜브에 투자 유망주로 올려드린 영상 그대로 있습니다. 당시 제 분석과 전략, 감정 등이 가감없이 있으니 하나씩 공부하시면 큰 도움이 될 겁니다.

02

삼성전자, 삼성SDI, 삼성전기 황금바닥 턴어라운드 타이밍 분석

(유튜브 '이헌상 황금바닥' 채널 2020년 5월 19일 영상)

2020년 5월 삼성의 대표적 IT 기업에 대한 장기투자 시작을 권하는 영상을 제 유튜브 채널에 올렸습니다. 2020년 3~4월에 집중 매수하고 장기투자를 권했는데 제가 유튜브를 본격적으로 시작한 때는 2020년 5월입니다. 해당 종목들을 당시 기준으로 설명하겠습니다.

반도체 대표주인 삼성전자와 전기차 배터리를 대표하는 삼성SDI 그리고 스마트부품 MLCC를 대표하는 삼성전기의 바닥 확인과 함께 향후 본격적인 턴어라운드를 전망한 중·장기 매수 전략이었습니다.

2020년 초부터 닥친 코로나19 바이러스는 전 세계 증시를 폭락으로 이끌었습니다. 연초 코스피는 2,200선에서 1,400선으로 폭락했고 이 3사의 주가도 폭락했죠.

여기서 잠깐! 여러분이 제 책을 읽고 황금바닥에 투자하는 이유부터 생각해보십시오. 이유는 간단합니다. "망하지 않을 대형주를 가장 최악일 때 사 가장 좋을 때까지 보유해 큰 수익을 내기 위해서입니다." 저는 좋은 투자습관을 항상 강조합니다. 이 책에서 자주 언급하는 말들이 주식투자 성공의 가장 중요한 기본입니다. 그럼 당시 이 주식들에 단기매매가 아닌 중·장기 투자를 하고 증시 주변의 부정적인 불확실성을 감수하고 투자해야 했던 이유와 투자의 중요한 매수 포인트 등을 설명하겠습니다.

단기매매, 단타가 아닌 중·장기 투자에서 가장 좋은 모멘텀은 가격이 싸지는 것입니다. 우량종목 주식을 싸게 살 기회에서 외부 변수, 시장 폭락, 대형악재에 의해 낙폭과대를 보이고 저평가 영역으로 진입한 것만큼 좋은 재료도 없죠. 코스피와 이 3사의 2020년 초 고점 대비 하락폭은 다음과 같습니다.

 코스피 2,273P ➡ 3월 저점 1,439P ➡ −36.7% 폭락

 삼성전자 63,000원 ➡ 3월 저점 42,100원 ➡ −33% 폭락

 삼성SDI 350,000원 ➡ 3월 저점 180,000원 ➡ −48% 폭락

 삼성전기 148,000원 ➡ 3월 저점 81,700원 ➡ −44.8% 폭락

 LG화학 420,000원 ➡ 3월 저점 230,000원 ➡ −45% 폭락

 현대차 136,000원 ➡ 3월 저점 65,000원 ➡ −52% 폭락

대부분 2020년 1~2월이 고점이었고 1~2개월 단기간에 역대급 폭락을 기록했습니다. 황금바닥 투자를 권하는 저와 같은 사람은 이런 위기와 폭락을 수년 만의 기회로 봅니다. 절대로 놓치면 안되는 게임입니다. 그래서 대표주 중 이런 낙폭과대 종목에 투자하기 시작했죠. 그런데 이 종목들의 투자 포인트에 앞서 "지금이 바닥인가? 최악인가? 투자할 타이밍인가?"에 대한 답이 있어야 합니다. 그 답은 이미 앞에서 드렸습니다. '역대급 위기는 역대급 기회다'라는 말을 참고하시고 삼성전자부터 알아보겠습니다.

삼성전자 황금바닥 턴어라운드 타이밍 분석

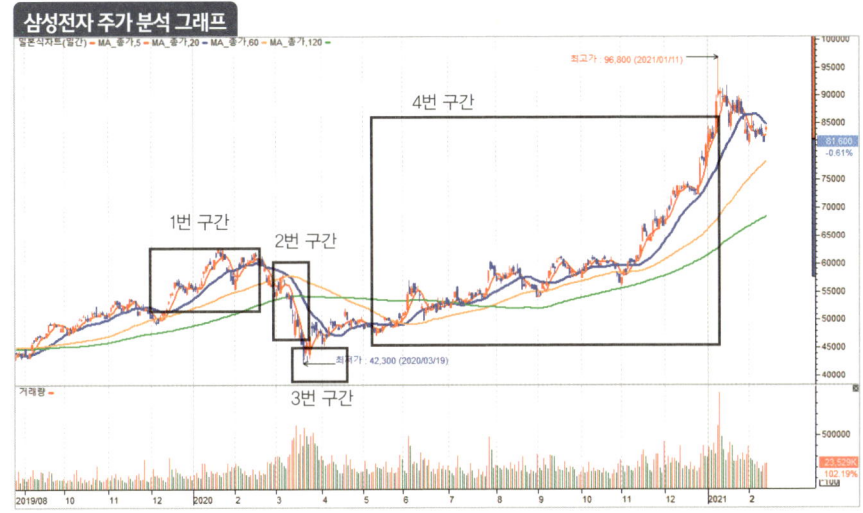

* 1번 구간

삼성전자는 2020년 초 코로나19 악재 발생 이전에 이미 턴어라운드를 시작하고 주가상승이 이뤄지고 있었습니다. 2020년 실적 기대감이 주가에 반영되는 중이었고 특히 코스피가 2년 가까운 하락 이후 상승 반전을 시작하는 무렵이었습니다. 보통 삼성전자 주가가 하락하다가 상승하기 시작하면 외국인 주도로 보면 됩니다. 2019년 12월~2020년 1월 초 상승기에 외국인 순매수가 지속되었고 당시 코스피도 동행 중으로 보면 됩니다.

* 2번 구간

글로벌 증시에 초대형 돌발 악재가 발생하고 주가도 슬슬 영향을 받기 시작합니다. 이때가 바로 제가 악재와 주가의 관계를 설명할 때 자주 말씀드리는 신선하고 새로운 악재 출현과 함께 주가에 본격적인 영향을 미치기 시작해 급락, 폭락하기 시작하는 구간입니다. 보통 이때 악재의 영향력이 감소하거나 악재가 주가에 충분히 반영되는 극단적인 시점을 기회로 삼아야 합니다. 이때 삼성전자 주식도 많은 개인투자자가 매수했죠. 저도 역대급 증시 폭락에 종목 선정이 어렵다면 삼성전자에 투자해도 된다는 의견을 드리고 5만 원이 깨지는 시점부터 분할 매수했습니다. 바닥점을 정확히 맞추려고 하지 마세요. '바닥 덩어리' 가격대를 정하고 그 가격구간에서 서서히 매집해 시간투자를 시작하면 됩니다.

황금바닥을 만드는 이 3번 구간에서 수급 주체의 변화가 반드시 있어야 합니다. 외국인? 아닙니다. 바로 연기금입니다. 연기금은 저평가된 주식에 시간투자하는 경향이 있습니다. 물론 중대형주에 투자하죠. 여러분이 여러 수급 주체 중 연기금과 친해져야 하는 이유입니다. 당시 수급 동향을 살펴보겠습니다.

일자	종가	개인	외국인	기관계	투신	연기금 등
2020/03/24	46,950	-6,174,614	2,929,769	3,254,324	1,189,404	1,641,066
2020/03/23	42,500	10,988,297	-8,143,293	-3,248,991	-671,729	170,622
2020/03/20	45,400	3,248,749	-5,133,212	1,669,124	116,208	1,652,947
2020/03/19	42,950	4,105,594	-5,807,616	1,612,440	-2,694,361	3,659,967
2020/03/18	45,600	6,418,923	-1,177,328	-5,663,938	-456,281	-844,600
2020/03/17	47,300	8,712,684	-11,447,924	2,488,584	-143,944	1,144,426
2020/03/16	48,900	7,252,206	-4,384,786	-3,277,723	229,116	1,117,451
2020/03/13	49,950	7,471,123	-11,895,370	4,036,953	-387,111	3,938,043
2020/03/12	50,800	5,437,858	-9,094,728	3,490,945	632,137	1,055,378
2020/03/11	52,100	12,724,913	-10,348,533	-2,842,894	-143,931	61,085
2020/03/10	54,600	2,174,718	-6,462,688	3,891,630	-666,254	1,648,088
2020/03/09	54,200	9,795,988	-9,954,094	-148,308	261,568	1,963,482
2020/03/06	56,500	3,650,220	-2,754,138	-993,225	123,967	1,552,564

* 4번 구간

극단적인 공포가 지나고 저가매수 기회도 충분히 주었던 3번 국면이 지나면 속도 차이이고 시장의 주도 섹터에 가까운지 먼지 차이일 뿐 주가는 턴어라운드를 시작하면서 오르게 되어 있습니다. 이때 필요한 것이 시간투자입니다. 확신과 배짱, 시간과 정성을 쏟는 시기입니다.

삼성전자로 큰 수익을 내려면 어떻게 해야 할까요? 언젠가 주식시장이 폭락하면 절호의 기회가 올 겁니다. 폭락장에서 어느 종목을 사야 할 지 모르거나 주식투자를 안 해본 분에게 안전한 종목 중 하나일 겁니다.

2~3번 구간에서 증권사 목표주가는 어떤 변화가 있을까요? 주가가 본격적인 하락을 시작하던 2~3번 구간에서 대부분의 증권사는 목표주가를 하향했습니다. 2020년 3월 중순 시장은 바닥에 가까워지고 삼성전자도 주가 바닥을 논할 수 있었지만 대부분 목표주가를 7만 원대에서 6만 원대로 내렸습니다. 이것을 말씀드리는 이유는 투자 결정은 여러분 몫이기 때문입니다. 이럴 때 저는 증권사 투자 의견이나 목표주가 하향은 무시하거나 청개구리처럼 반대로 투자합니다. 여기서 숙제가 있습니다. 2~3번 구간에서 어떤 이슈와 뉴스가 있었는지 공부하시기 바랍니다.

삼성SDI 황금바닥 턴어라운드 타이밍 분석

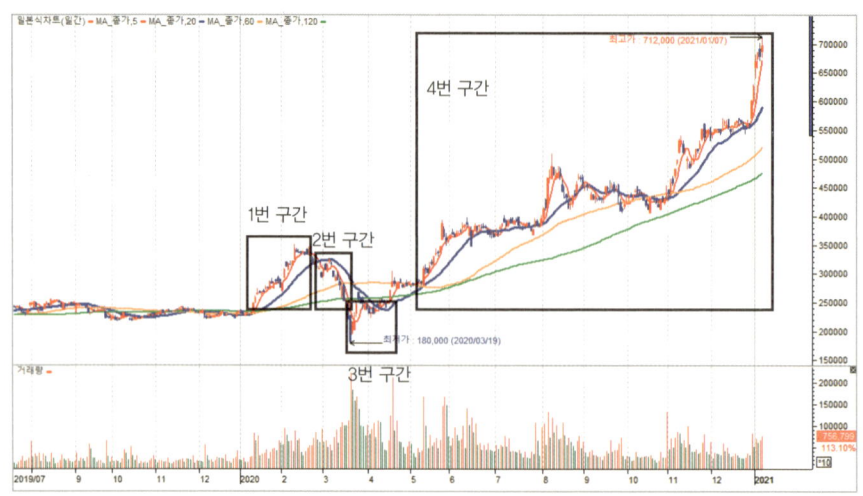

* **1번 구간**

전기차 배터리 업종을 대표하는 국내 3사 중 하나입니다. 1번 구간에서 2020년 코로나19 본격화 이전부터 배터리 섹터가 이미 상승한 것을 알 수 있습니다. 전기차 시장의 본격적인 성장 스토리를 기반으로 배터리 제조사와 2차전지 소재업체의 주가가 1번 구간에서 시장 주도주로 부각된 구간입니다.

* **2번 구간**

문제는 여기서부터 시작되었습니다. 1번 구간에서 시장 주도주로 상승세를 보이다가 2번 구간에서 본격적인 하락세가 시작됩니다. 그 원인은 업황부진, 실적부진 전망도 아닌 코로나19였습니다. 즉, 주가폭락이 종목 때문이 아니라는 겁니다. 이럴 때는 당연히 기회를 엿봐야 합니다. 주식을 초기에 매도하지 않았다면 손실을 감수하더라도 주식을 보유하고 추가 매수와 신규 매수를 노려야 할, 위기가 선사한 기회가 다가오는 구간입니다.

＊ 3번 구간

여기서 잘해야 합니다. 앞에서 주가와 악재의 관계를 설명했습니다. 새롭고 신선한 악재가 나타나면 주가는 급락하고 투매가 나오면서 폭락하지만 곧 공포가 절정에 이르면서 주가급락은 멈추고 슬슬 바닥을 만드는 구간입니다. 저는 바닥을 정확히 맞출 필요가 없다는 의견을 드립니다. 주가지수 끝자리까지 정확히 맞출 수는 없기 때문입니다. 외부 변수와 주변 변수 등의 영향을 받을 수 있으니까요. 바닥 부근만 찾으면 됩니다. 바닥구간, 즉 바닥 덩어리 가격대에서 천천히 매집하면 됩니다.

3번 공포 국면에서 바닥의 절정을 만들 때 삼성SDI와 같이 투매가 마지막 절정을 만드는 경우가 있습니다. 삼성SDI와 같은 시총 대형주가 3번 구간인 3월 19일 장중 -18%나 폭락했습니다. 종목의 문제가 아닌 시장의 문제로 이렇게 대폭락을 만드는 경우 역발상이 필요합니다. 연초 고점 대비 -50% 가까이 반토막난 상황에서 가장 공포스러운 대폭락의 경우였죠. 이때 우리는 투매가 아닌 주식을 받아내는 전략을 취했습니다. 물론 이럴 때는 동종업종 관련주도 함께 매수해야 합니다. 여기서 여러분은 "물리면 어떡하죠?"라고 질문할 겁니다.

그럼 저는 "그래서 대형주를 선정하는 것이고 조금 물리면 어떻습니까? 바닥을 정확히 잡으려고 하지 마십시오. 비슷하게 맞추면 됩니다. 그래서 바닥 덩어리(3번 구간)에서는 항상 분할매수를 원칙으로 합니다"라고 대답합니다.

* 4번 구간

역시 극단적 공포와 투매, 폭락으로 역대급 저가매수 기회를 주고 주가도 본격적인 회복 국면을 맞습니다. 이제 업황, 전기차 배터리 시장의 급성장에 대한 기대감이 주가에 가장 큰 영향을 미치고 시장 주도주로 부각됩니다. 이때는 누리는 구간입니다. 쉽게 매도하지 않고 가장 화려할 때까지 보유하는 전략이 맞죠.

삼성전기 황금바닥 턴어라운드 타이밍 분석

삼성전기는 대표적 부품사로 카메라 모듈 등의 카메라 부품과 MLCC(적층 세라믹 콘덴서) 전문 제조업체로 글로벌 점유율 2위 업체입니다. 2018년 8월 실적과 주가는 정점을 찍었습니다. 이때부터 약 1년 동안 긴 하락이 진행되었고 2018년 고점이던 16만 원은 2019년 저점 8만 원대로 떨어졌습니다. 제가 관심을 가진 바닥주로 매수를 준비할 때였죠. 약 1년 동안 주가는 반토막났고

2019년 하반기부터 회복 국면에 들어섰습니다.

* 1번 구간

주가는 2019년 하반기부터 턴어라운드를 순조롭게 진행 중이었습니다. 당시는 MLCC 업황의 본격적인 회복 기대감에 2018년 연간 영업이익 1조 1천억 원 회복이 전망되었죠.

* 2번 구간

설명을 듣지 않으면 잘나가던 주식이 갑자기 급락하는 원인을 모를 수 있습니다. 코로나19로 인한 증시폭락의 영향으로 삼성전기는 2019년 9월~2020년 초까지 약 5개월 동안의 상승폭을 불과 한 달 만에 잃는 폭락을 맞았습니다. 이럴 때는 종목의 문제인지 시장과 외부 변수로 인한 돌발적 폭락인지 구별해야 합니다.

코로나19로 인한 증시 대폭락으로 삼성전기도 연초 고점 대비 -50% 가까운 폭락을 보였는데 이때는 공포의 절정을 기다려야 할 구간입니다. 폭락 초기에 주식을 매도하지 않았다면 추격 매도보다 보유하고 추가 시점을 기다리거나 바닥권 신규 매수를 준비해야 할 구간입니다. 바닥 덩어리 구간을 만들고 역대급 폭락을 기회로 주식을 매집하는 구간이 되었죠.

* 3번 구간

이제 공포의 절정에 이르렀습니다. 주가가 단기간에 -50% 가까이 폭락하면 보통 저점을 만듭니다. 당시 저는 공포의 절정을 기다리고 있었습니다. 3월 19일 공포의 절정에 이르렀습니다. 투매와 함께 장중 -15%나 폭락한 이때가 가장 무서운 공포의 절정이지만 주식을 가장 싸게 살 기회이기도 하죠. 이때부터 3번 구간은 천천히 담아가는 구간입니다. 저는 "황금바닥주 투자로 큰 성과를 내는 방법은 망하지 않을 회사가 가장 최악일 때 투자를 시작해 가장 좋을 때까지 가져가는 것입니다"라고 자주 말씀드립니다.

* 4번 구간

이제 공포는 사라지고 바닥 확인과 함께 본격적인 턴어라운드가 시작됩니다. 2019년 상승세를 보인 가격대를 쉽게 회복했고 이후 주가는 본격적인 MLCC 업황 회복을 기다리며 장기 상승세를 보입니다. 당시 자세한 투자 기법과 투자 전략은 유튜브 채널에서 공부하시기 바랍니다.

03

10년 만에 찾아온 현대차 투자 기회!
황금바닥 투자 사례

(2020년 7월 15일자 영상 참고)

10년 만에 찾아온 기회! 현대차, 기아차, 현대모비스, 현대글로비스 지금 사둬라!

2020년 4월 초 저는 현대차, 기아차, 현대모비스 등 현대차 계열 종목에 대한 장기투자를 고객에게 권하고 유튜브에서 장기투자 전략을 제시했습니다 위 화면은 이후 7월에 다시 올려드린 영상입니다. 유튜브 썸네일만 보더라도 임팩트가 있었습니다. 이유는 간단합니다. 현대차 관련주는 정말 10년 만에 찾아온 기회였기 때문입니다.

현대차(기아, 현대모비스, 현대글로비스, 현대위아도 비슷하게 움직입니다)는 2020년 친환경차 시장의 본격적인 성장이 핵심 모멘텀으로 현대차도 그동안 오랫동안 전기차와 수소차에 막대한 투자를 한 상태로 이제 기존 자동차 메이저 업체와 출발부터 동일선상에서 경쟁하게 되었습니다. 현대차 주가는 2020년부터 바닥을 치고 본격적인 상승으로 전환되었는데 2020년 3월 전 세계를 강타한 코로나19의 습격으로 2020년 초 13만 원대에서 3개월 만에 6만 원대 중반으로 반토막났습니다. 시장에서는 공포가 극에 달하면서 투매가 이어지고 극단적인 패닉에 빠졌지만 저는 이때를 기회라고 계속 외쳤습니다. 특히 주가가 폭락하는 상황에서 당시 정의선 부회장은 현대차 주식을 매수하기 시작했습니다. 그것을 현대차 주가의 장기적 그림에서 매우 중요한 사건으로 판단한 우리는 현대차 계열주에 대한 투자 시작 의견을 드리고 장기투자를 시작했습니다. 당시 제가 드린 핵심 포인트는 코로나19로 주가만 싸진 것이 아니라 기업의 구조적 성장 스토리가 반전되는 시점이라는 의견도 함께 드렸습니다 여기에 추가로 기아차, 현대글로비스, 현대모비스까지 단기매매 입장이 아닌 장기투자 전략을 권해드렸습니다.

2021년 이후에는 현대차, 기아차 등에 투자하지 말라는 의견도 드렸습니다. 먹을 폭이 안 보였기 때문입니다. 한 가지 팁을 드리겠습니다. 계속 강조하지만 저의 황금바닥 투자에서 가장 중요한 것은 중대형 우량주, 현대차 같은 초대형주 주가가 장기 하락을 보일 때까지 기다리는 것입니다. 가장 최악인 시기를 한두 달이 아니라 1년, 2년, 5년 또는 그 이상 기다리는 것입니다. 가장 어두울 때, 가장 최악일 때 가장 큰 투자성과를 낼 수 있으니까요.

현대차 주가는 2008년 금융위기 이후 2009년부터 오르기 시작해 2011~2012년 27만 원대 고점을 찍었습니다. 당시 현대차는 중국시장에서 고성장 중이었죠. 현대차는 10만 원 아래에서 27만 원까지 급등했고 현대모비스는 15만 원 아래에서 42만 원까지 급등했습니다. 모두 중국 고성장의 수혜주였던 덕분입니다. 당시 자동차는 중국의 고성장 수혜 업종인 자동차, 화학, 정유, 조선 등에 해당했지만 만사 흥망성쇠가 있는 법, 주가도 고점을 맞고 장기하락하기 시작했습니다.

'현대차, 10년 만의 매수 기회'라고 말씀드린 것은 2011년 이후 가장 싸게 살 기회가 왔기 때문입니다. 대한민국 완성차 대표기업의 주가가 장장 10년 동안 하락했고 코로나19라는 전 세계적 위기 상황에서 주가가 폭락했다고? 하지만 향후 본격적인 전기차와 수소차 시장의 성장이 예고되고 전기차와 수소차의 기존 내연기관 자동차 메이커와의 한 판 승부를 10년 동안 준비해온 현대차 주가의 쇼크는 역발상 투자자에게는 절대로 놓칠 수 없는 먹잇감이었죠.

10년 만에 찾아온 현대차 계열주의 황금바닥 중·장기 투자 기회는 무엇이었나? 첫째, 실적이 바닥이었습니다. 참고로 현대차 주가가 최고치를 찍은 2011년과 2012년 연간 영업이익은 얼마였을까요? 8조 4천억 원이었습니다. 이후 매년 이익이 줄면서 2020년에는 2조 3천억 원을 기록했습니다. 이때 우리가 생각할 수 있는 것은 황금바닥과 향후 현대차의 실적개선 그것도 장기 턴어라운드의 시작이었죠. 투자를 시작해야 할 이유가 여기에 있습니다.

황금바닥 투자의 가장 중요한 조건 몇 가지를 여기에 적용하면 다음과 같습니다. 우선 망하지 않을 회사에 투자하는 것이죠. 현대차는 망하지 않습니다. 그리고 이 회사가 최악일 때 투자를 시작하는 것입니다. 본격적인 주가상승은 작은 수급 변화로 찾아내면 쉽죠.

다음 그림은 2020년 가장 부진한 연간 실적을 보여줍니다. 물론 2018년 현대차의 실적과 주가가 바닥이었지만 2020년 코로나19 쇼크로 실적, 주가 모두 2020년이 바닥이었습니다.

현대차 연간 실적 (단위: 억 원)

현대차(005380)			
구분	19.12(P)	20.12(P)	21.12
매출액	1,057,464	1,039,976	1,186,002
영업이익	36,055	23,947	73,540
순이익	31,856	19,246	68,205

연간 실적이 최악인 해에 투자를 결정하고 그 해에 실적이 가장 부진한 분기를 매수 타이밍으로 선정합니다. 위 그림을 보면 2020년이 최악이고 2021년 영업이익과 순이익이 큰 폭으로 회복해 성장했습니다. 연간으로는 2020년에 투자하기로 정하고 분기로 들어가 보시죠.

현대차 2020년 2, 3, 4분기 실적 (단위: 억 원)

현대차(005380) 연간 / 분기

구분	20.06(P)	20.09(P)	20.12(P)
매출액	218,590	275,758	292,434
영업이익	5,903	-3,138	12,544
순이익	3,773	-1,888	11,834

2020년 3분기가 최악임을 알 수 있습니다. 이때는 모두 투자하지 말고 실적이 좋아지면 투자해야 한다고 말하지만 '뒷북' 치는 말입니다. 그럼 이때 3분기 최악의 분기 실적을 확인하고 주식투자를 하실 건가요? 그럼 여러분도 뒷북치는 겁니다. 주가는 미래 실적을 선반영한다고 말했습니다. 그럼 보통 실적 발표 이전 2분기부터는 투자를 시작했어야만 합니다. 최소 한두 분기 미래 실적은 주가가 수개월 전부터 반영한 상태가 됩니다. 최악의 실적이든 최고의 실적이든 말이죠. 우리는 이미 연간 실적으로 바닥을 만드는 해를 정한 상태라는 것도 기억해야 합니다. 분기는 그 안의 작은 이벤트입니다.

* 수급 박스에서는 무료로 향후 연간, 분기 실적 추정치를 제공하니 참고하십시오.

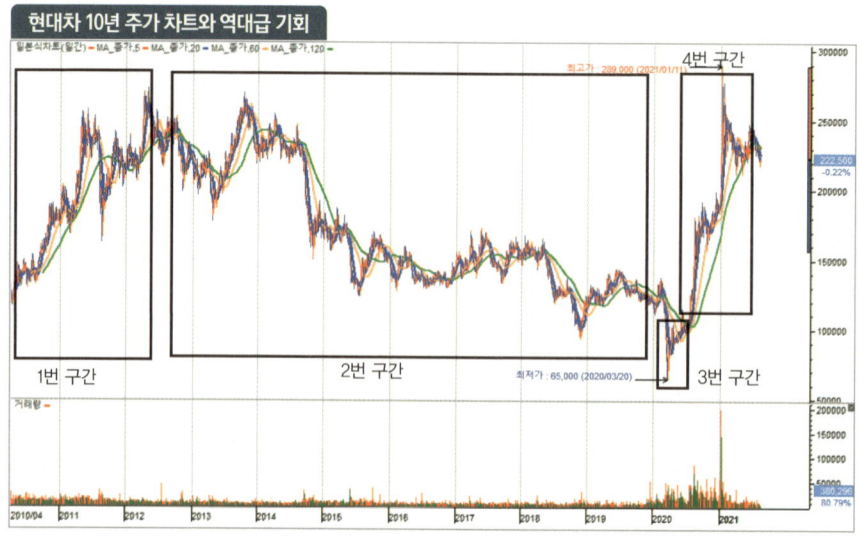

1번 구간: 중국 시장에서의 고성장의 영향으로 주가 상승
2번 구간: 장기하락 추세 지속, 이때는 주가가 큰 상승을 보일 대형 성장 모멘텀이나 저평가 매력이 없었음
3번 구간: 2020년 코로나19로 인한 증시 폭락에 역대급 저평가 매력 부각 및 향후 친환경차 대중화에 대한 기대감 부각 시점
4번 구간: 본격적인 대세 상승에 편승한 친환경차의 성장성이 부각되면서 재평가 구간 진행

여기서 한 가지 변수가 있었습니다. 현대차 주가는 10년 가까이 주가 하락을 보이다가 2020년 1월부터 본격적인 상승 전환을 시작했습니다. 첫째, 2020년 부진한 실적을 그동안 선반영했고 둘째, 그동안 내연기관 자동차업체로서 평가를 받다가 전기차, 수소차, 친환경차량 대중화의 시작과 함께 본격적인 재평가가 이뤄지기 시작했기 때문입니다.

이후 코로나19 변수로 인한 증시 대폭락으로 현대차도 폭락했지만 역대급 위기가 아닌 역대급 기회로 봐야 합니다. 우리는 2020년에 이미 현대차 투자를 정해두었으니 현대차의 문제가 아닌 시장 전체의 문제로 주가가 싸지면 고맙게 생각하는 것이 맞습니다. 그리고 이런 역대급 폭락 시점에 대한 확신을 더 갖는 뉴스를 접할 수 있습니다. 앞부분에서 언급한 대로 대주주가 폭락한 주식을 매수할 때가 있죠. 2020년 3월 현대차 주가가 폭락하자 당시 정의선 부회장은 장내에서 현대차 주식을 사들인다고 밝혔습니다. 저도 이때를 절호의 저가매수 기회로 보고 해석과 투자전략을 드렸습니다.

주변 상황이나 증시 분위기에 따라 약간 예외적인 상황이 있을 수 있지만 모든 황금바닥주 투자의 방법과 스토리는 동일하게 적용합니다.
- 망하지 않을 회사에 과감히 투자한다.
- 망하지 않을 회사가 최악일 때 주식투자를 시작한다.
- 최악에 시작해 가장 좋을 때까지 투자를 계속한다.

04

2차전지 소재 포스코케미칼, 엘앤에프 역대급 대박을 잡아라

포스코케미칼 480% 황금바닥 타이밍 실전 사례

  2차전지 소재주는 2017년부터 2018년까지 장기 상승 추세를 보였습니다. 저는 2차전지 소재주에 대해 2018년 8월부터 매도 의견을 내기 시작했습니다. 2차전지 소재주 주가는 2018년 8~11월 사이 대부분 고점을 만들고 장기 하락을 시작했습니다.

  여기서 말씀드릴 것은 이 주식들은 약 2년 동안 주가가 올라 지금이 투자 최적기라고 당연히 생각하겠지만 최악이거나 최악에서 벗어날 때 투자를 시작해 가장 화려할 때 버리고 다른 바닥주를 물색하거나 이 주식들이 다시 충분히 싸지길 기다리는 것이 제 투자 방법이라는 것입니다. 저는 보통 1~2년 기다립니다. 사실 이때는 전기차 시장 개화에 대한 기대감이 컸는데 실제로 전기차 시장의 본격적인 대중화는 몇 년 후였기 때문이죠.

차트를 보면서 설명하겠습니다.

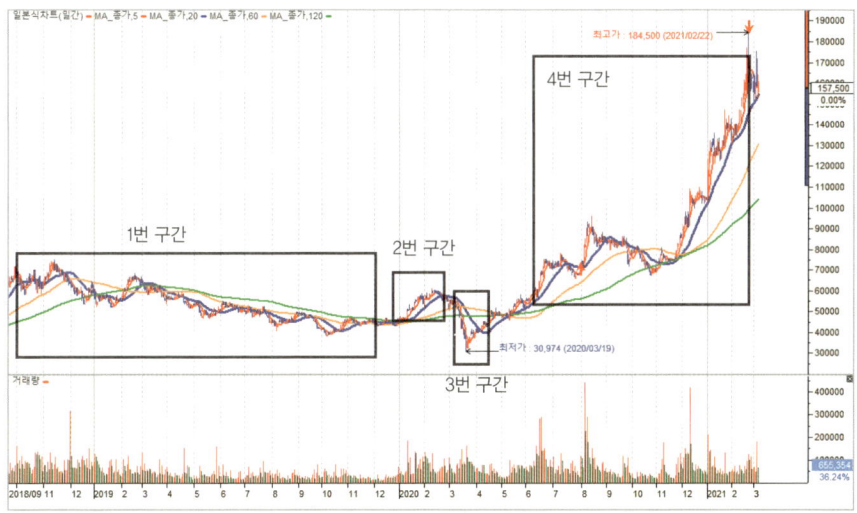

* **1번 구간**

2년 동안 장기 상승을 보인 후 2018년 결국 정점이 옵니다. 그리고 장기간 오른 주가가 조정을 보일 때는 가격 조정과 기간 조정이 함께 옵니다. 가격도 떨어지고 충분한 기간 조정도 필요하죠. 이때 장기투자를 하지 않습니다. 단기매매 정도는 가능하지만 저는 큰 승부를 1년 이상 기다렸습니다. 이 기간은 다른 투자를 하면서 장기 추세 변곡점이나 극단적인 저점이 만들어질 때를 기다립니다.

* **2번 구간**

약 1년 6개월 동안의 충분한 가격 조정과 기간 조정 후 2020년 1월 본격적으로 하락 추세선을 돌파하면서 주가는 턴어라운드를 시작합니다. 이때 주식에 투자를 시작해도 됩니다.

* 3번 구간

주목할 부분은 3번 구간입니다. 2번 구간에서 잘나가던 동사 주가는 코로나19라는 변수로 폭락세를 보였습니다. 당시 저는 2번 구간 초반인 2020년 1월부터 투자를 시작했는데 물리고 말았습니다. 저는 웬만하면 손절하지 않습니다. 손절이 싫어 바닥주에 투자하는 것이죠. 더 떨어지면 더 사거나 기다리면 되는 게임이니까요. 당시 폭락세는 너무나 공포스러웠지만 저는 3월 중순부터 주식을 다시 사들일 것을 권했습니다. 제가 생각하는 극단적인 공포의 절정과 바닥의 덩어리 구간이죠. 가격대는 30,000~38,000원 구간으로 기억나네요. 그리고 장기투자를 시작했습니다.

여기서 또 생각해야 할 점은 2차전지 소재주는 2018년 하반기부터 약 1년 반 동안 충분한 가격 조정과 기간 조정 후 2020년 1월부터 슬슬 턴어라운드를 시작했다는 것입니다. 따라서 당장 폭락이 만들어지면서 공포 국면에 주식 매수가 쉽지는 않겠지만 주식은 결국 용기 있는 자들의 몫이고 다수의 대중보다 소수가 가장 싼 값에 주식을 사 가장 큰 수익을 올리는 게임이라는 것을 기억해야 합니다.

* 4번 구간

3번 구간이 역대급 저가 매수 기회였다는 것을 이제서야 많은 사람이 깨닫고 본격적인 업황과 실적 성장에 기초한 주가 상승이 나타났습니다. 여기서 한 가지 더 중요한 내용은 바닥주에 투자하고 장기투자를 시작할 때는 목표가를 미리 정하지 않는다는 것입니다. 주가가 어디까지 오를지 저는 목표 구간을 애당초 정하지 않습니다. 주가가 바닥을 치고 오르기 시작할 때와 본격적인 상승을 보일 때, 급등구간일 때의 호재와 모멘텀, 주변 환경 등을 미리 예측할 수 없기 때문입니다. 따라서 3번 구간에서 주식투자를 시작하면서 가장 화려할 때를 보면서 진행하면 됩니다. 목표기간이 없어야 수익률이 무한대가 됩니다. 고점을 미리 예단하지 말라는 거죠.

2020년 말 돌발 변수가 생겼습니다. 유상증자 발표인데요. 이때 주가는 일시 하락했습니다. 보통 유상증자는 악재로 보는 경우가 많은데 이때 저는 유상증자 공시로 주가하락을 역발상으로 매수 타이밍으로 잡으라는 의견을 드렸습니다. 당시 2차전지 소재주는 시장을 압도하는 주도주였기 때문입니다. 전기차 시장의 대중화, 배터리 업황의 폭풍 성장 그중 핵심 소재업체의 시설투자 목적의 유상증자를 반드시 참여해야 할 근거로 판단했습니다.

당시 주가는 100% 이상 더 급등하며 18만 원대에 진입했죠. 아이러니하게도 2021년 2월 22일 최고가를 만든 그날 저는 유상증자 참여 물량의 마지막 매도 사인을 내고 포스코케미칼 투자를 종료했습니다.

엘앤에프 500% 황금바닥 타이밍 실전 사례

앞에서 설명한 대로 저는 2차전지 소재주가 약간의 시간차는 있더라도 2018년 8월을 기점으로 장기 고점을 만들었다고 판단해 매도 의견을 계속 냈습니다. 그리고 1년 이상 기다렸죠. 충분한 가격 조정과 기간 조정으로 동사 주가도 2018년 고점 5만 원에서 2019년 지점 18,000원까지 장기하락을 보였습니다.

이 종목은 2021년에 투자를 시작했는데 이 종목을 선정한 이유는 역발상이었습니다. 당시 2차전지 소재주 중 엘앤에프는 다소 허접한 종목이었죠. 시총도 크지 않았죠. 2차전지 양극제 쪽에서 선발업체가 아닌 후발업체였습니다. 업황이 본격적인 활황세를 보이면 결국 후발업체도 시총이 비교적 적어 더 높은 수익률을 올릴 수 있다고 판단했습니다.

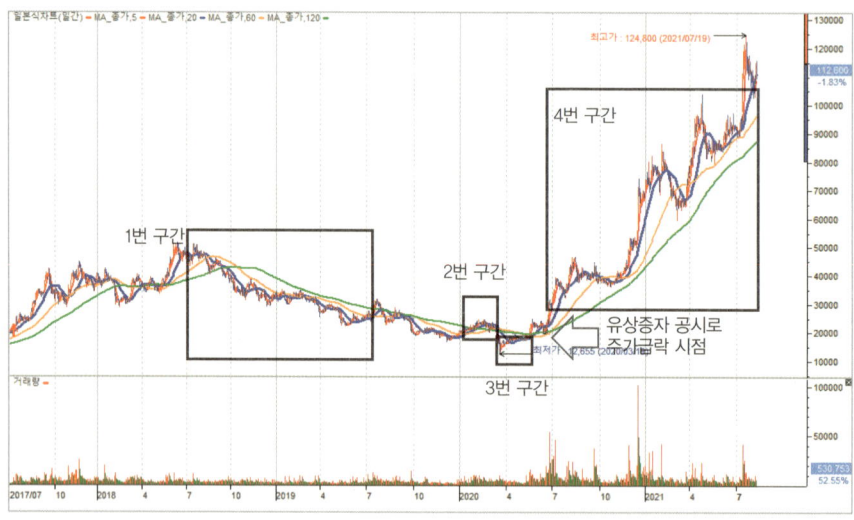

＊ 1번 구간

질문 하나를 드립니다. 1번 구간인 2018년 8월을 기점으로 대부분의 2차전지 소재주를 매도하고 약 1년 동안 충분한 가격 조정과 기간 조정을 기다려야 한다고 제가 왜 말했을까요? 이유는 간단합니다. 사실 2차전지 소재주는 2015~2016년부터 오르기 시작했습니다. 3년 이상 오르면서 몇 천 원대였던 주식이 몇 만 원대로 올라섰습니다. 몇 배 또는 10배나 올랐죠. 이때 주가는 대박주 탄생의 요건 중 하나로 말씀드리는 산업 패러다임이나 세상이 바뀔 때였습니다. 그동안 내연기관 자동차에서 이제 전기차라는 새로운 운송수단이 나타났고 친환경차 시대가 출발하는 시점이라 관련주가 대박을 쳤죠.

과거에는 아이폰이 처음 세상에 등장하면서 부품주와 이후 스마트폰 관련주, 내부 콘텐츠 관련주, 모바일 게임주가 대박을 쳤습니다. 그래서 이미 10배가량 장기 상승을 보인 관련주는 이제 쉴 일만 남았죠. 신산업의 개화와 본격적인 대중화 시작 사이에는 항상 시차가 존재하니까요.

우리는 1년 이상 기다리고 기다려야 했습니다. 그런데 1번 구간에서 돈을 많이 잃는 분들이 계십니다. 금방 다시 오를 거라고 생각하고 주식을 자꾸 사기 때문입니다. 저는 장기 추세 고점으로 판단되면 약 1년 동안 그 주식을 사지 않습니다. 잘 알아두시면 앞으로 큰 화를 면할 수도 있겠네요.

* 2번 구간
약 1년 반 이상 주가가 충분한 가격 조정과 기간 조정 후 다시 상승하기 시작하는 구간입니다. 장기투자를 시작해야 할 시점이죠. 기술적 분석으로도 장기 하락 추세에서 상승 전환 시점을 쉽게 잡을 수 있습니다. 지금 일봉 차트를 띄워 2018년 7월 고점과 2019년 7월 고점을 연결해보시기 바랍니다. 우리는 이것을 하락 추세선이라고 부릅니다. 하락 추세가 이렇게 계속되는 과정에서 수가는 하락과 반등을 이어가지만 본격적인 상승 추세로 선환되시는 못합니다. 하지만 긴 하락 추세선을 돌파하는 시점인 2020년 1월은 상승 추세로 슬슬 전환되기 시작하는 변곡점입니다. 이때는 주식을 사도 됩니다.

* 3번 구간

코로나19가 없었다면 3번 구간은 없었을 겁니다. 이런 돌발 악재는 종목의 문제가 아닌 시장의 문제이고 역대급 돌발 변수로 주가가 급락하지만 가장 싸게 주식을 살 기회였습니다. 만약 2번 구간에서 주식을 사 3번 구간의 급락 초기에 주식을 팔지 않았다면 사실 저는 추격 매도를 권하지 않습니다. 제가 이 주식에 투자를 시작한 것은 3번 구간입니다. 대형 배터리업체인 삼성SDI, LG화학에 대해 2020년 3월 장기투자 의견을 드리고 포스코케미칼 같은 2차전지 핵심 소재주에도 바닥투자를 시작했는데 중대형주가 먼저 오르고 사이즈가 작은 후속주가 함께 오르게 되어 있었기 때문이죠. 3번 구간은 공포가 가장 극단적이었지만 저는 3~5월 배터리 주식에 대한 매수 접근을 계속 권했습니다.

* 유상증자 공시로 주가 돌발 급락 → 화살표 시점

12,000원선에서 바닥을 치고 단기간에 2만 원대를 넘은 주가가 유상증자 공시로 갑자기 급락했습니다. 2020년 6월 15일입니다. 공시 이후 주가는 장중 -10% 급락했는데 저는 이것을 큰 기회로 생각하는 역발상 전략으로 급락하는 주식을 받아내라는 사인을 드렸습니다.

당시 유상증자의 목적은 재무구조 개선과 시설투자였습니다. 둘 다 긍정적인 내용이었죠. 2차전지를 주도주로 시장은 상승이 진행 중이었고 그동안 동사 재무 상태에 대한 부담 해소도 긍정적이었습니다. 비교적 후발업체라는 단점이 있었지만 대규모 투자로 반전의 기회를 만들 수 있다는 판단에서 악재보다 호재로 봤고 주가급락은 절호의 매수 기회였습니다. 당시 동사 주가는 2만 원 수준이었는데 1년 후 12만 원을 찍었습니다.

* 4번 구간

　주가가 가파르게 상승하는 것을 볼 수 있습니다. 4번 구간 초입부과 후반부 중 후반부에서 조심해야 할 것은 무엇일까요? 주가는 이미 화려해지고 가장 좋은 모습을 보여줍니다. 2020년 3월 저점인 12,000원부터 2021년 고점인 12만 원까지 10배가 올랐습니다. 4번 구간 후반부에서 저는 신규 투자를 하지 않습니다. 4번 구간 후반부는 많이 먹은 사람들이 누리는 구간입니다.

　누구나 언제든지 마음대로 주식을 살 수는 있지만 누구나 큰 수익을 낼 수는 없죠. 주식투자로 성공하려면 좋은 투자습관이 있어야 합니다. 늦었다고 판단되면 눈을 돌려 다른 바닥주에 투자하라는 것이 제가 투자자분들께 권하는 투자의 좋은 습관임을 기억하시기 바랍니다.

Chapter 4

주가는 실적에 선행하고 수급은 주가에 선행한다

01

'돈주따' 기초 수급 분석으로 전략을 세우자

수급 분석의 이유와 수급을 통한 주식투자 시점 등을 공부하겠습니다.

수급은 왜 중요할까?

수급이란 투자 주체들의 매매 형태로 외국인, 기관계, 개인 등과 같은 투자자들의 시장과 개별 종목들에 대한 매매 형태를 표현한 말입니다.

주식시장의 수급에도 수요와 공급의 법칙이 적용됩니다. 수요는 많은데 공급이 적으면 가격이 오르고 수요는 적은데 공급이 많으면 가격이 떨어집니다.

즉 주가는 매수 세력이 많으면 상승하게 되고 매도 세력이 많으면 하락하게 됩니다. 모든 경제 요소가 그렇듯 가격을 결정하는 가장 중요한 변수가 바로 수급입니다.

지금부터 종목 전략에 필요한 기본적인 수급 분석 방법을 배워 고급스럽게 활용해봅시다.

핵심 메이저 투자 주체는 외국인과 기관입니다. 이 중 기관은 기관계를 짧게 표현한 말로 기관계는 금융투자, 보험, 투신, 은행, 연기금, 국가 지자체 등을 모두 포함합니다. 하지만 우리가 중요하게 생각하는 기관계는 투신과 연기금으로 나머지 주체들은 필자의 수상한 **매집** 패턴 분석에서는 제외합니다.

보통 단발성 재료는 주가에 단기적인 영향을 미치지만 현재의 주가가 합리적이라는 가정 하에 미래의 재료를 선반영하고 있다고 할 수 있습니다.

여기서 미래의 재료란 **모멘텀**을 가리킬 수 있으며 세부적으로 실적, 수주, 업황, 대규모 투자, M&A 등을 모두 포함합니다.

따라서 현재의 주가는 위에서 언급한 수요와 공급의 법칙이 이미 반영된 재료보다 우선시되어 주가에 반영된다고 봐야 합니다.

가끔 호실적 또는 최대 실적 발표 후 주가가 하락하는 경우나 기다렸던 호재가 뉴스로 나타난 후 주가가 상승하지 않고 하락하는 것은 현재의 주가가 이미 이런 재료를 선반영했기 때문입니다.

"주가는 실적에 선행하고 수급은 주가에 선행한다!"

이헌상의 수급 분석 방법

1. 투자 주체 분석: 장세별, 종목별 메이저 투자 주체 선정 후 매집 패턴 분석

외국인, 투신, 연기금 중 누가 현재 장세에 가장 큰 영향력을 행사하는지를 분석하고 그들이 집중 매수하는 업종과 종목을 분석합니다.

현재 시장이 원화 약세와 함께 외국인의 자금 이탈 매도 또는 중립적인 관망 포지션을 유지할 때 우리는 외국인이 사들이는 종목들에 큰 관심을 가질 필요가 없습니다. 일시적인 매수세 유입 또는 간헐적 매수세이기 때문에 공격적인 **매집**과 함께 주가를 끌어올릴 의지가 부족하기 때문입니다.

보통 이런 구간에서 지수는 박스권을 보이게 되고 기관 중심의 제한적 종목 장세가 나타납니다. 그렇다면 이 구간에서는 외국인은 무시하고 기관인 투신, 연기금이 집중적으로 매집하는 종목들로 압축 매매를 해야 합니다.

2. 수급의 변곡 파악: 주가의 변곡은 수급의 변곡과 동시에 나타난다.

보통 대부분의 투자자들은 기술적 분석에 기초한 차트만 통해 매수, 매도 타이밍을 선정하는데 여기에는 속임수가 많습니다. 예를 들어 대량 거래의 장대 **양봉**이 나오는 경우가 있지만 실제 수급 내용을 들여다보면 개인들의 추격 매수와 함께 메이저들의 물량 털기가 나오는 경우가 많기 때문입니다. 따라서 주가가 움직이는 **변곡점**을 찾는 것보다 중요한 것이 메이저 세력의 수급의 변곡점을 찾는 것입니다. 바로 이때를 매수 타이밍으로 잡아야 합니다.

3. 매집 패턴 분석: 매집 패턴을 매뉴얼화해 단기, 중기 등의 진입 타이밍을 선정한다.

필자가 메이저 세력의 수급 논리에 기반한 '수상한 매집 패턴'을 만든 이유는 초보 투자자들도 쉽게 수급을 분석하고 이를 기반으로 더 빠른 매매 전략을 세울 수 있도록 하기 위해서입니다.

이번 장에서는 **매집** 패턴에 대해 본격적으로 설명할 겁니다.

매집 패턴이란 쉽게 말해 정형화된 패턴을 만들어 놓고 그에 해당하는 패턴이 등장하면 그 패턴대로 매수 시점을 잡아 단기와 중기 목표 구간을 설정하면 향후 주가가 그 패턴대로 흘러갈 것이라는 예측을 하기 위한 일종의 설명서입니다. 결국 우리는 그 매뉴얼대로 움직이면 되는 것입니다.

메이저 세력별 성향 파악

우선 투자와 매매 전략을 수립하는 데 도움이 되는 메이저 세력들의 투자 성향을 파악해봅시다.

투자 세력	성향 분석
외국인	• 장기적인 실적 및 펀더멘탈 대비 저평가되어 있는 종목 투자 • 대세 상승장의 주인공으로 배당 및 유동 성장세 초입부터 대규모 집중 매수 • 단기보다 중·장기 성향
투신	• 자산운용사의 펀드 운용과 관련해 수익을 내기 위해 단기 모멘텀 플레이 위주로 진행 • 수익을 낼 수 있다면 주가가 바닥이든 천장이든 상관없이 매수함 • 단기, 중기 성향
연기금	• 대표적인 가치 투자로 적정 주가가 기업가치보다 낮다고 판단되는 종목에 집중 투자 • 증시의 대표적인 구원투수로 활약. 중·장기 성향으로 가치에 대한 간접 판단이 가능함

필자는 투자자들의 이해를 돕기 위해 메이저 투자 주체 3인방에게 별명을 붙여 설명하곤 하는데 그 별명만으로도 그들의 특징을 알 수 있습니다. 지금부터 필자가 붙인 별명을 염두에 두고 메이저 세력의 특징을 살펴봅시다.

1. 외국인은 '사자'다

우선 외국인은 사자에 비유할 수 있습니다. 이유는 간단합니다. 외국인이 왕이기 때문입니다. 외국인은 바로 'LION KING'입니다. 외국인은 대한민국 증시의 향방을 결정하는 가장 영향력 있는 주체로 봐야 합니다.

사자들은 보통 큰 판을 움직입니다. 대세 상승장의 주인공이 바로 이 사자들이라는 것은 간단한 논리로 설명됩니다.

외국인이 우리 시장에서 대규모 매수에 나서면 큰 판이 벌어지는데 바로 상승장입니다. 이때 사자들은 작은 먹잇감을 사냥하지 않습니다. 그들은 시총 상위 종목 또는 업종 대표주들을 집중 매수하면서 상승장을 이끄는데 그들이 사냥하는 종목들은 모두 큰 먹잇감입니다. 따라서 대세 상승장에서는 대형주 위주의 전략을 짜야 합니다.

이와 반대로 외국인이 대량 매도를 시작하게 되면 절대로 주가는 오르지 않습니다. 이때는 하락장 또는 **박스권** 정도의 장세가 만들어진다고 생각하면 됩니다.

따라서 외국인들이 매물을 쏟아낼 때는 대형주보다 중소형주 또는 기관 중심의 코스닥 종목들로 전략을 짜는 것이 맞습니다.

> *투자팁! 외국인이 사는 종목들에는 언제 관심을 가져야 할까?*
>
> 하락장과 박스권 장세에서는 외국인이 사들이는 종목들에 관심을 가질 필요가 없습니다. 외국인 매수가 주가 상승으로 이어지지 않기 때문입니다. 사자들이 사는 종목에 관심을 가질 때는 사자들이 본격적으로 큰 사냥에 나서는 상승장이라는 것을 기억하세요.

2. 투신은 '메뚜기'다

이 부분이 정말 재미있습니다. 필자가 투신을 '메뚜기'라고 표현한 것은 '메뚜기 떼 습격'을 생각해보면 쉽게 이해할 수 있습니다. 메뚜기 떼는 순식간에 나타나 농작물을 초토화시킵니다.

투신은 단기간에 수익을 낼 수 있는 즉 먹을거리가 있는 종목을 집중적으로 **매집**하고 매집이 끝나면 주가를 끌어올리게 됩니다. 급등하는 중소형주들의 수급을 보면 대부분 메뚜기들의 작품입니다.

그래서 단기 매매를 하는 투자자들은 반드시 투신권 매집 종목을 눈여겨보고 있다가 매매에 활용해야 합니다. 어떻게 보면 주식 매매에서 가장 빠르게 수익을 내주는 종목들이 바로 메뚜기들의 종목입니다.

메뚜기들은 보통 개별 종목 장세에 강합니다. 특히 거래소 대형주 중심의 상승이 아닌 중소형주 중심의 종목 장세가 펼쳐질 때는 가장 먼저 투신권에 주목해야 합니다.

> *투자 팁! 그렇다면 개인 투자자들이 화려한 개별 종목 장세의 시작과 진행 과정을 알 수 있는 가장 좋은 방법은 뭘까?
>
> 이것은 투자 주체별 매매 동향을 확인하면 됩니다. 코스닥 개별 종목 장세의 주인공은 기관입니다. 바로 코스닥에서 투신 기반의 기관계 대량 매수가 잡히면 '중소형 종목 장세가 시작되는구나'라고 생각하면 됩니다.

코스닥 기관계 대량 매수: 코스닥 종목 장세의 신호

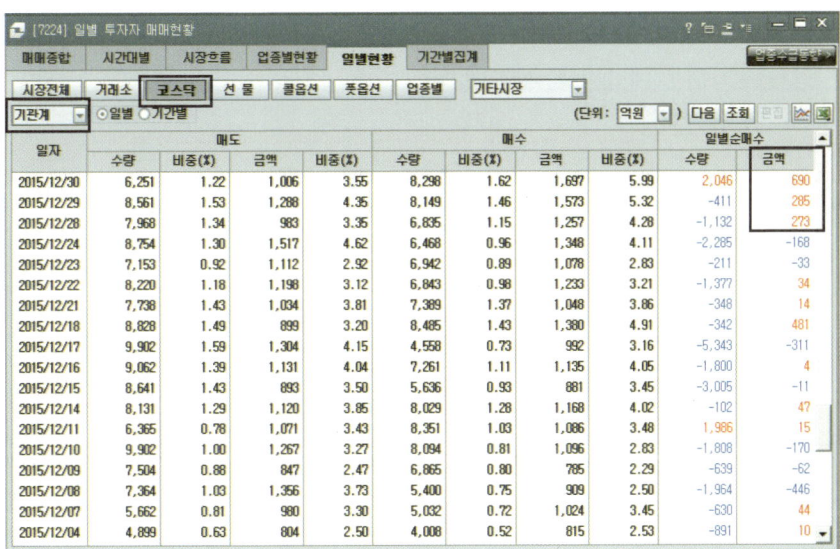

3. 연기금은 '거북이'다

필자는 연기금을 거북이라고 표현합니다. 이때는 '토끼와 거북이'를 생각하면 됩니다. 경주가 시작되면 사람들은 토끼가 결승점에 먼저 도착할 거라고 생각하지만 거북이가 승리를 거둡니다.

과정을 제외하고 결과만 생각해보면 이해가 되는데 시간은 걸리지만 거북이는 반드시 목적지에 도착합니다.

앞에서 언급한 대로 연기금은 지극히 방어적인 역할을 하며 가치 투자를 주로 합니다. 예를 들어 주가가 과도한 하락을 보여 밸류에 대한 매력이 생기면 보통 연기금 매수가 들어오면서 주가를 방어하는 경우가 많습니다.

보통 낙폭 과대 중대형주들의 바닥은 외국인과 투신보다 연기금의 매수세가 만드는 경우가 많습니다.

즉 거북이들이 집중적으로 사들이는 종목들은 빠르게 움직이지는 않지만 시간에 투자했을 때 실패할 확률이 적습니다.

중·장기 투자 성향의 투자자라면 바로 이 거북이들의 움직임에 주목해야 합니다.

필자는 중대형 바닥주들의 경우 수급 패턴 분석 과정에서 연기금의 매수 진입 시점과 볼륨에 특히 주목하는 편입니다.

그렇다면 '수상한 **매집** 패턴' 공부에 앞서 한 가지 더 정리해봅시다.

먼저 메이저 세력 중 누가 장세의 주연, 조연 배우인지 파악해야 합니다. 그래야 내가 어느 세력을 추종할 것인지 어떤 종목들을 선택해야 할지 결정할 수 있기 때문입니다.

장세 구분	장세별 주연 수급 세력 요약
대세 상승 및 강세장	코스피 상승 > 외국인 주연 > 본격 상승의 시작점에 주목
박스권 횡보 장세	지수 정체 > 종목 장세 > 기관 주연
코스닥 중심 종목 장세	기관 특히 투신 주연
급락 및 투매 구간	지수 급락, 공포 절정, 투매 > 연기금 주연

02

주가상승의 변곡점은 수급의 변곡점으로 잡아라!

앞에서 수급의 기초와 함께 메이저 수급 주체의 성향 등을 공부했습니다. 이제 더 궁금한 주가가 오르기 시작할 때의 신호와 징후를 알아보죠. 앞에서 말씀드린 대로 주가는 실적보다 먼저 움직입니다. 선행하죠. 하지만 주가보다 선행하는 것은 결국 수급입니다. 저가주, 동전주, 소형 개별주 등 일반적인 종목을 제외하면 중대형주는 대부분 메이저 수급 주체의 활발한 매수·매도 활동을 매일 확인할 수 있습니다.

여기서 주목할 내용은 거래량의 단순한 많고 적음이 아닙니다. '주가는 실적에 선행하고 수급은 주가에 선행한다' 따라서 주가가 아닌 수급을 추종하고 수급이 변하는 자리를 변곡점으로 활용합니다. 주가가 오르기 시작하는 지점은 상승 변곡점으로 이때 메이저 수급 주체의 매수가 시작되고 매수세가 지속되면서 주가는 견조한 상승 흐름을 보입니다.

전편 '돈버는 주식습관은 따로 있다'에서 이런 수급 패턴을 '매집의 시작' 패턴이라고 소개했는데 '매집의 시작' 패턴과 함께 가장 중요한 '금상첨화' 패턴도 함께 설명했죠.

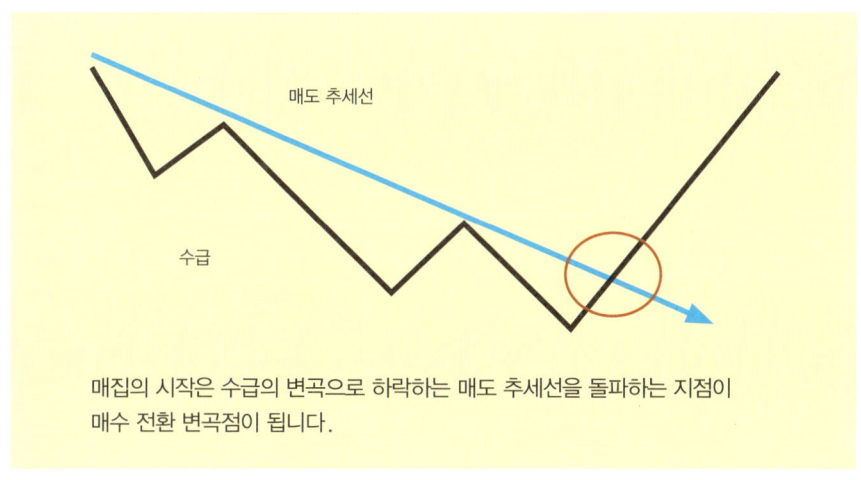

매집의 시작은 수급의 변곡으로 하락하는 매도 추세선을 돌파하는 지점이 매수 전환 변곡점이 됩니다.

보통 검은색 수급 라인은 메이저(기관 또는 외국인) 수급 주체의 매도세가 지속되는 것을 나타냅니다. 즉 매도가 시작되고 일시적인 매수가 유입되지만 다시 더 많은 매도 물량을 쏟아내면서 계단식으로 매도 추세가 형성되죠. 하지만 매도세가 절정을 지나 하락하면서 수급의 고점을 연결한 매도 추세선을 돌파할 때 매수세가 유입되는 동그라미 지점이 바로 '매집의 시작' 변곡점이 됩니다.

주가가 한참 오른 지점이 아닌 상승의 시작점, 출발점에서 살 수 있다면 손실을 최소화하고 수익을 극대화할 수 있을 겁니다. 또한 본격적인 주가 상승 시작점에서 매수해 주가가 오르는 동안 흔들림 없이 수익을 극대화하는 것은 매수보다 중요합니다.

이제 '매집의 시작' 즉 수급의 변곡점 사례를 보고 '금상첨화' 패턴을 설명합니다. 그리고 전편에서 다루지 않은 변곡점을 쉽게 찾아내는 방법을 '수급 박스'와 '양음 블록'으로 소개하겠습니다.

우선 여러 가지 변곡점 차트를 보시죠.

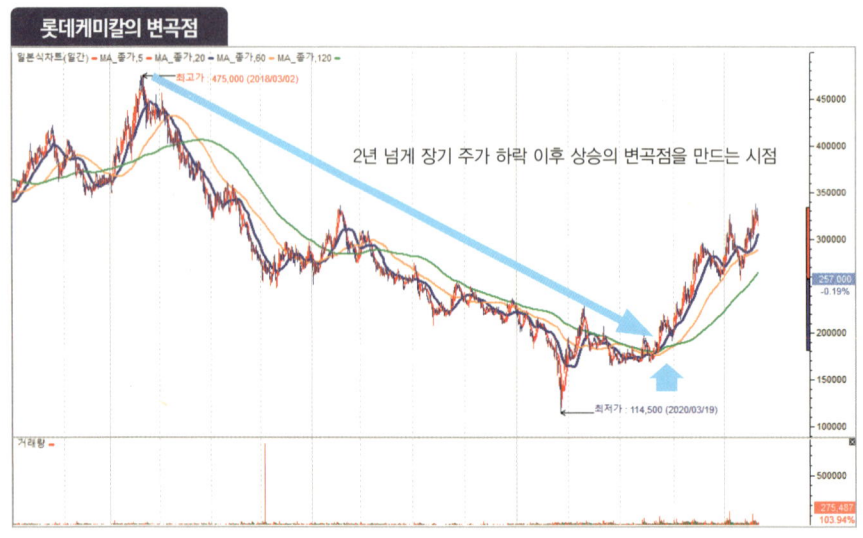

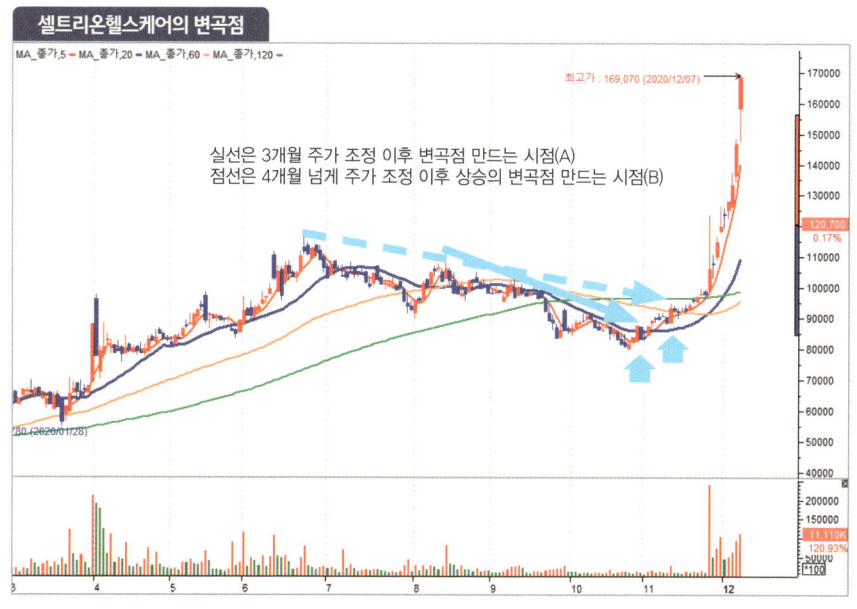

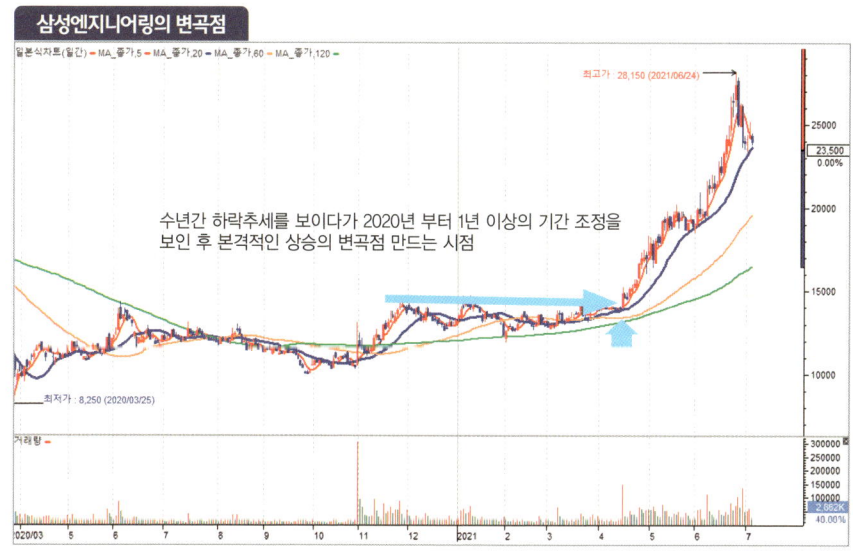

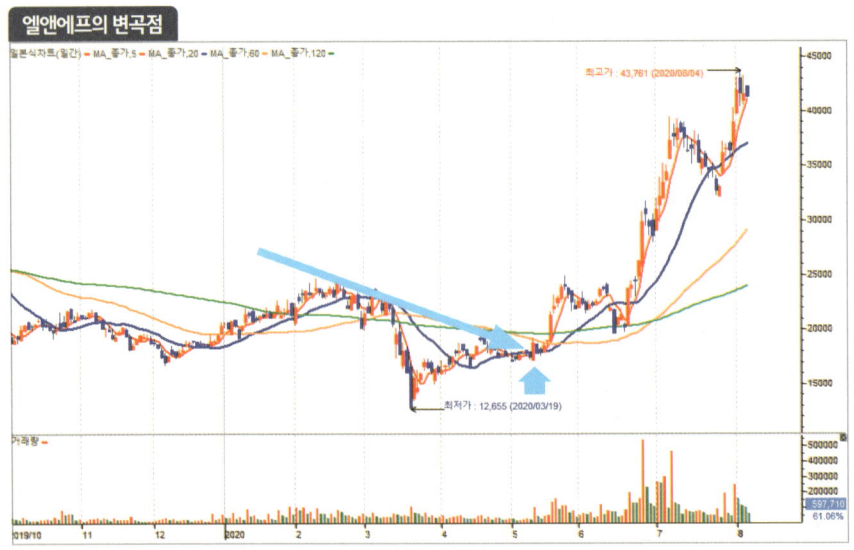

주가의 변곡점은 짧든 길든 하락 조정을 보이고 상승하기 시작하는 지점입니다. 몇 가지 사례에서도 봤듯이 주가가 이미 오른 상태에서 주식을 사면 큰 수익을 내기 힘듭니다. 따라서 일정한 수준의 가격 조정이나 기간 조정을 거치고 주가가 상승하기 시작하는 변곡점에서 사야 큰 수익을 내고 '먹을 폭'이 큽니다. 위의 변곡점을 만드는 화살표 시점에서는 어떤 변화가 있을까요? 변곡점을 가장 쉽게 찾는 방법은 수급 패턴을 체크하는 것입니다. 일부 종목을 제외하면 주가 상승의 시작은 항상 수급의 변곡점, 즉 메이저 세력의 수급이 들어오기 시작하는 시점부터 시작됩니다. 이때 보통 개인투자자는 대량 매도하면서 물량을 뺏깁니다.

가장 이상적인 수급 패턴은 다음과 같습니다. '개인의 대량 매도 + 외국인 순매수 + 기관 순매수' 또는 '개인의 대량 매도 + 외국인 순매수 + 기관 순매수 + 투신 및 연기금의 순매수'

저는 이 패턴을 '금상첨화' 패턴이라고 소개하는데 주가의 변곡점, 즉 수급의 변곡점인 매집 시작을 이 '금상첨화' 패턴으로 시작하는 것이 가장 바람직합니다.

그리고 이때 이 조합에 대량 거래량과 일봉상 강한 장대 양봉이 만들어지면 변곡점에 대한 신뢰도는 더 강해질 겁니다. 그 이유는 간단합니다. 대량거래 장대 양봉은 저들이 대량 매수로 만든 것이니까요. 이유 없이 주식을 사는 친구들이 아니죠. 그럼 주가 상승의 변곡점을 만드는 시점에서 수급 변화는 어떻게 만들어졌는지 살펴보시죠.

포스코케미칼, 변곡점에서의 수급 변화

일자	종가	개인	외국인	기관계	투신	연기금 등
2020/12/02	90,951	-102,961	-16,562	116,573	14,828	111,086
2020/12/01				14,097	3,776	17,517
2020/11/30				3,948	-3,967	6,140
2020/11/27	86,070	-200,007	162,793	42,216	6,313	11,578
2020/11/26	81,847	-6,436	11,297	-9,033	1,340	-7,336
2020/11/25	81,283	-174,523	132,262	24,745	-1,741	50,886
2020/11/24	79,406	-16,079	25,111	-2,959	9,094	64,307
2020/11/23	75,652	39,592	-24,707	-24,511	-711	4,340
2020/11/20	75,089	3,669	-3,898	-555	2,246	-1,865
2020/11/19	74,807	19,644	-11,176	-10,986	112	-4,804
2020/11/18	75,182	-18,018	7,916	11,402	-762	8,834
2020/11/17	75,089	-5,929	995	5,445	-1,188	-2,715

저는 보통 11/27일의 수급 패턴을 '금상첨화' 패턴으로 소개합니다.
이후 메이저 수급은 변하기 시작하고 주가도 상승으로 진행되게 됩니다.

삼성엔지니어링, 변곡점에서의 수급 변화

일자	종가	개인	외국인	기관계	투신	연기금 등
2021/04/26	16,650	-1,069,387	599,837	527,787	101,050	346,531
2021/04/23	15,650	-609,318	329,050	264,515	66,431	152,079
2021/04/22	15,450	-108,321	-57,377	161,942	5,079	91,085
2021/04/21	15,150	143,368	-171,056	15,013	48,339	3,833
2021/04/20	15,100	-573,157	164,051	464,178	159,157	183,710
2021/04/19	14,550					
2021/04/16	14,600					
2021/04/15	14,850	-2,900,198	2,606,403	258,252	85,763	69,899
2021/04/14	13,950	39,153	-65,828	36,441	1,303	-1,611
2021/04/13	13,750	197,424	1,627	-174,324	-42,503	-57,159
2021/04/12	13,850	252,282	-41,362	-202,705	3,769	-170,016

저는 보통 이러한 수급의 패턴을 '금상첨화' 또는 '금상첨화의 시작'으로 표현합니다.
바로 이때를 기점으로 메이저 수급이 변하기 시작합니다.

셀트리온헬스케어, 변곡점에서의 수급 변화

일자	종가	개인	외국인	기관계	투신	연기금 등
2020/11/11	93,165	-223,790	159,654	66,562	-3,129	20,052
2020/11/10	88,555	164,542	-16,374	-161,903	-13,214	139
2020/11/09	90,517	119,285	-19,878	-109,684	-6	-13,299
2020/11/06	89,732	286,228	-117,454	-167,548	-31,950	1,675
2020/11/05	89,830	-218,902	108,942	107,432	18,496	-29,393
2020/11/04	88,948	-147,415	5,053	147,432	26,614	-74
2020/11/03	87,182	-307,051	173,534	128,040	3,358	4,143
2020/11/02	83,554	1,695	-16,126	11,697	-2,101	-33,383
2020/10/30	83,064	239,435	-192,757	-47,186	14,066	-1,671

대한항공, 변곡점에서의 수급 변화

일자	종가	개인	외국인	기관계	투신	연기금 등
2021/05/13	29,500	-246,704	-442,599	619,302	102,061	490,383
2021/05/12	29,400	113,768	-400,990	273,344	43,592	297,148
2021/05/11	30,000	-643,738	5,796	518,462	109,321	211,292
2021/05/10	29,750	-3,359,069	1,162,058	2,177,317	341,287	717,515
2021/05/07				1,135,375	157,415	492,073
2021/05/06	27,600	-2,409,715	1,495,423	931,054	138,133	337,831
2021/05/04	26,350	195,585	-94,610	-93,851	-8,078	14,151
2021/05/03	26,400	875,963	-858,124	-17,184	-28,769	48,266

5/6 금상첨화, 변곡점 이후 수급의 변화 시작

엘앤에프, 변곡점에서의 수급 변화

일자	종가	개인	외국인	기관계	투신	연기금 등
2020/05/21	22,112	-121,364	-26,077	182,819	43,610	21,566
2020/05/20	21,324	-243,367	69,689	160,129	30,554	22,064
2020/05/19	18,960	-53,419	-11,329	62,369	2,001	-190
2020/05/18	18,496	-64,829	40,951	27,249	1,331	-58
2020/05/15	17,847	28,152	-27,160	4,007		198

이제 주가의 이런 수급 변곡점을 쉽게 찾는 방법을 소개하겠습니다. 다음은 제가 특허를 가진 '양음 블록'을 이용한 양음 블록 차트와 수급 박스 화면입니다.(플레이스토어에서 '수급 박스'를 검색한 후 다운로드 가능)

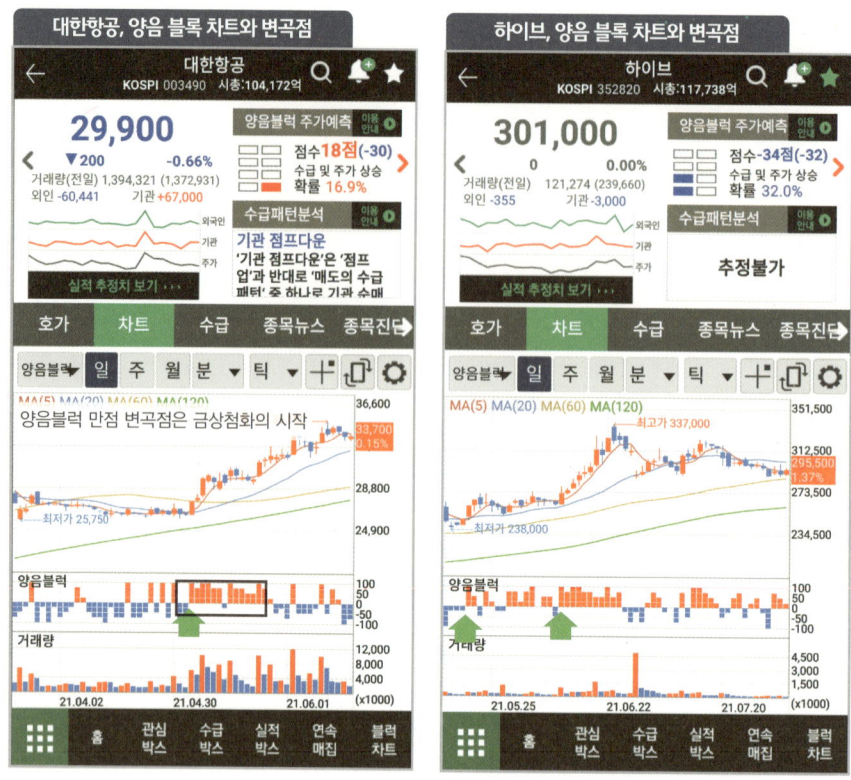

　수급 박스 앱을 보면 차트/양음 블록/거래량 순으로 표시되어 있습니다. 양음 블록이 생소한 분도 계시고 현재 약 20만 명이나 사용 중이라 익숙한 분도 계실 겁니다. 양음 블록은 제가 개발해 특허 출원한 수급 분석지표입니다. 양음 블록은 수급 박스 앱에서만 사용할 수 있도록 만들었습니다. '수급 박스'는 수급을 기반으로 종목 분석, 유망주 발굴, 수급 분석 등을 쉽게 활용할 수 있는 어플입니다. 제가 중요하게 생각해 주식투자와 주식매매를 쉽게 하도록 만들었습니다.

　제가 '수급 박스'를 만든 취지는 주식투자자가 갖고 놀 증권 앱을 만드는 것이었습니다. 플레이스토어에서 '수급 박스'를 다운로드해 한 번씩 갖고 놀아보시기 바랍니다. 참고로 수급 박스는 일부 유료 서비스 기능이 있습니다. 그럼 수급의 변곡점과 양음 블록의 변곡점을 소개하겠습니다.

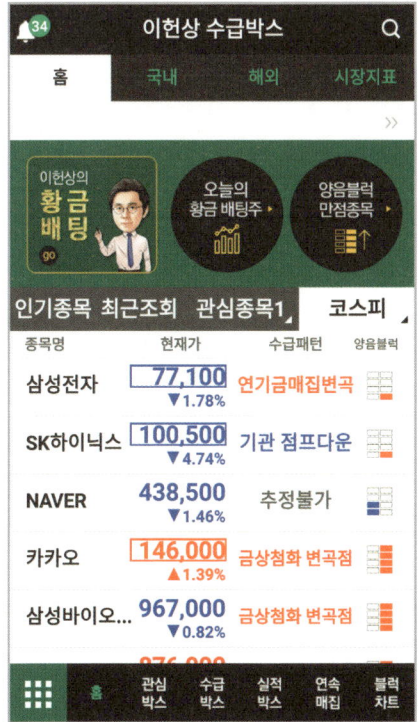

03

양음 블록을 이용해 주가상승의 변곡점을 잡아보자

양음 블록을 이용해 주가상승의 변곡점을 잡아 수익을 극대화하는 방법을 설명하겠습니다. 참고로 현재 수급 박스에서 양음 블록을 사용하는 분이 많은데 다음 내용을 공부하시기 바랍니다. 먼저 양음 블록부터 알아보죠.

양음 블록의 기본 구조

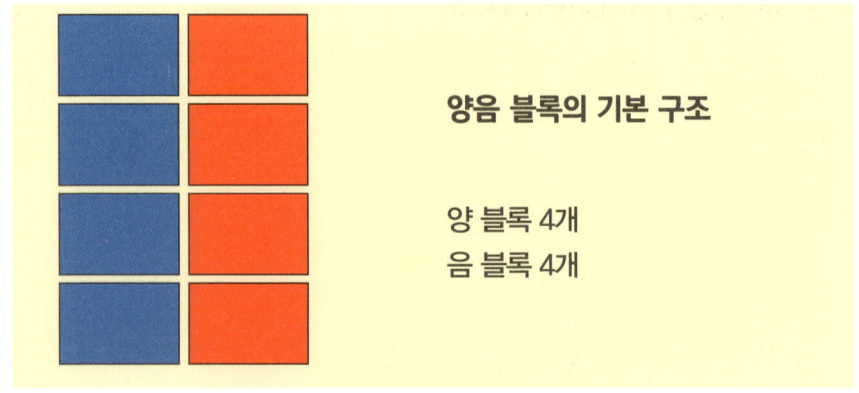

양음 블록의 기본 구조

양 블록 4개
음 블록 4개

기본적으로 양 블록 4개와 음 블록 4개로 구성됩니다. 양음 블록은 주요 수급 주체인 개인, 외국인, 기관계, 투신, 연기금 등을 분석해 향후 추가 매수·매도 가능성과 주가 등락 가능성을 종합 분석해 예측한 지표로 블록 1개는 25점으로 구성되어 있습니다. 블록 4개면 만점인 100점이 되죠.

양음 블록 점수 설명

- 양음 블록은 주요 수급 주체(외국인, 기관, 투신, 연기금, 개인)의 향후 추가 매수·매도 가능성 분석과 주가의 상승·하락 가능성을 종합 분석, 예측한 지표명입니다.

빨간 블록 1개는 25점
관망 또는 매우 약한 매수세

파란 블록 1개는 −25점
관망 또는 매우 약한 매도세

빨간 블록 2개는 50점
관망 또는 약한 매수세

파란 블록 2개는 −50점
관망 또는 약한 매도세

빨간 블록 3개는 75점
강한 매수 및 추가 매집, 상승 가능성

파란 블록 3개는 −75점
강한 매도, 추가 매도 및 주가 하락 가능성

빨간 블록 4개는 100점
매우 강한 매수, 추가 매집 및 상승 가능성 높음

파란 블록 4개는 −100점
매우 강한 매도, 추가 매도 및 주가 하락 가능성 높음

보시면 이해되실 겁니다. 우선 양음 블록 1~2개는 매우 약한 매수·매도 세이므로 큰 의미를 부여하지 않으며 보통 주가 관망 구간이나 숨 고르기 구간에서 나타납니다. 블록이 3개 특히 4개가 나올 때가 중요합니다. 수급 변화가 시작되거나 연속될 때 나타나는 블록이니까요.

예를 들어 양 블록 몇 개가 연속되면서 양 블록을 만들면 메이저 세력의 매수세가 종합적으로 계속 유입 중이라고 볼 수 있습니다. 반대로 음 블록 몇 개가 연속되면서 음 블록을 만들면 메이저 세력의 매도세가 종합적으로 계속 진행 중이라고 볼 수 있습니다. 그럼 몇 가지 양음 블록의 중요한 매수 포인트를 설명하겠습니다. 우선 '양음 블록 만점 돌파' 패턴입니다.

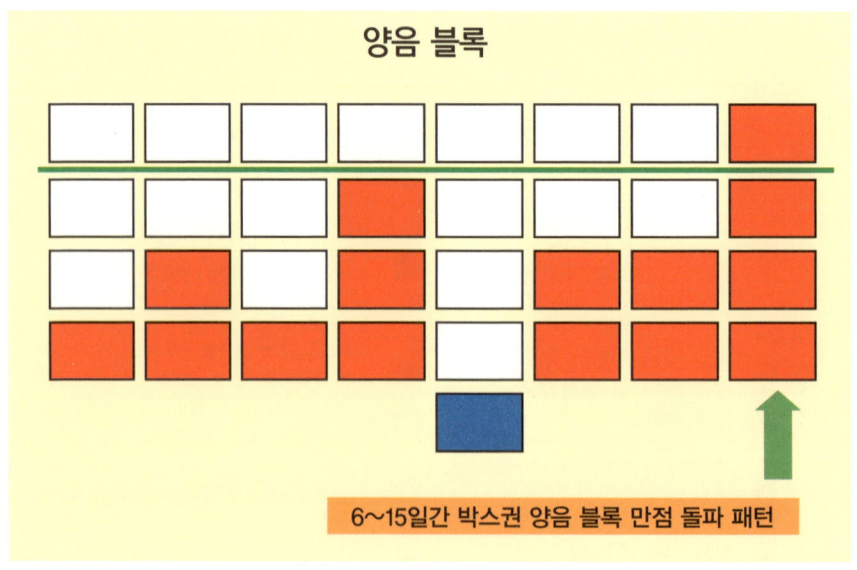

위에서 보면 양 블록 1~2개가 이어지고 다시 음 블록도 있습니다. 이렇게 1~2개가 계속 이어지면 수급에서는 큰 의미가 없습니다. 강한 매수세는 보통 양음 블록 만점을 만듭니다. 위의 표에서는 최소 6~15일 동안 박스권에서 양 블록 만점(양 블록 네 칸)으로 돌파하는 시점에 '수급 변곡점'이 나타날 가능성이 크고 수급 변곡점은 보통 바로 주가상승의 변곡점이 됩니다. 물론 15일 이상 1~2개월 또는 그 이상 의미 없는 블록이 하루하루 이어지다가 강한 만점 돌파 양 블록이 나올 때가 절호의 매수 포인트가 됩니다. 그리고 양 블록 만점이 나오더라도 이후 양 블록이 추가되면서 양 블록을 이루는 것이 좋습니다. 양 블록을 이루는 구간을 메이저 세력이 매집을 진행 중이라고 표현할 수 있습니다. 그리고 이런 패턴도 봐두시면 좋겠습니다.

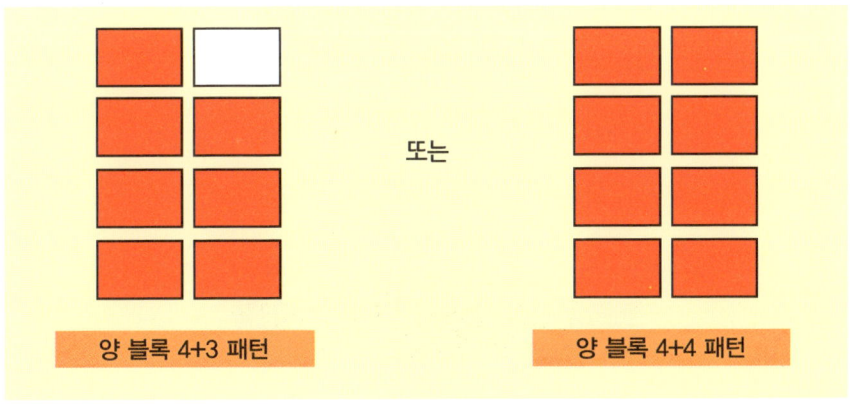

'양 블록 4+3' 패턴은 첫날도 강한 수급이 유입되었지만 다음 날도 좋습니다. '양 블록 4+4' 패턴은 첫날도 강한 수급을 만들면서 수급 변곡점을 만들고 다음 날도 매집이 이어지는 것을 의미합니다. 중요한 것은 양 블록이 시작되면 전반적으로 양 블록이 이어지는 것이 좋고 음 블록이 나오더라도 1~2개 숨 고르기 블록이 나오는 것이 좋다는 것입니다. 그럼 양음 블록 차트로 양음 블록 만점 변곡점(수급 변곡점)의 여러 가지 사례를 설명하겠습니다.

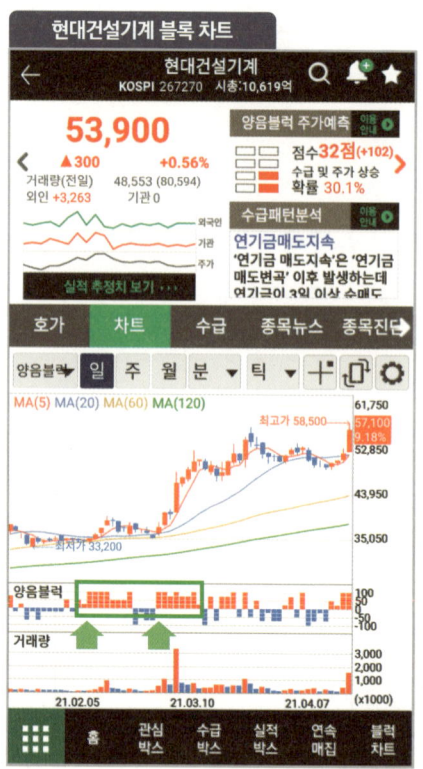

⬆ 표시 시점은 양음 블록이 만점(양 블록 네 칸)이 처음 만들어진 시점입니다. 그동안 ⬆ 표시 이전 주가가 약한 흐름이 이어지다가 양음 블록 만점이 처음 만들어진 시점부터 변화가 시작되고 있다고 해석됩니다. 이때 개인은 많은 물량을 뺏기는 반면 메이저 핵심 주체는 본격적인 매집을 시작하는 변곡점으로 볼 수 있죠. 이때가 수급 변곡점으로 절호의 매수 타이밍으로 삼습니다. 이후 주가가 오르는 것은 둘째입니다. 양 블록이 계속 쌓이면 네모 박스 구간은 양 블록이 계속 만들어지면서 매집도 계속되어 결국 주가도 오르게 됩니다. 참고로 주가가 숨 고르기를 보이는 날의 블록은 약한 양 블록이나 음 블록일 겁니다. 말 그대로 숨 고르기로 보면 됩니다.

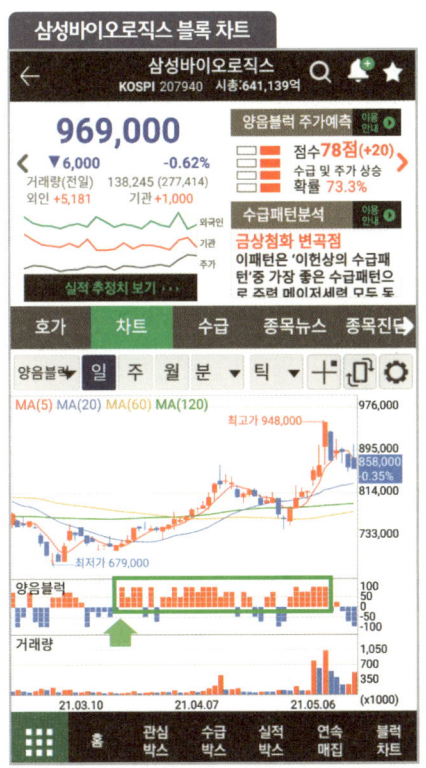

⬆ 표시 시점은 양음 블록 만점 변곡점입니다. 이날부터 메이저 세력의 수급이 변하기 시작합니다. 주식을 매집하는 거죠. 주가가 오르기 시작하는 지점인 주가상승의 변곡점을 차트에서 잡는 것도 중요하지만 수급의 변곡점을 잡는 것이 더 안전하고 확실한 투자 기법입니다.

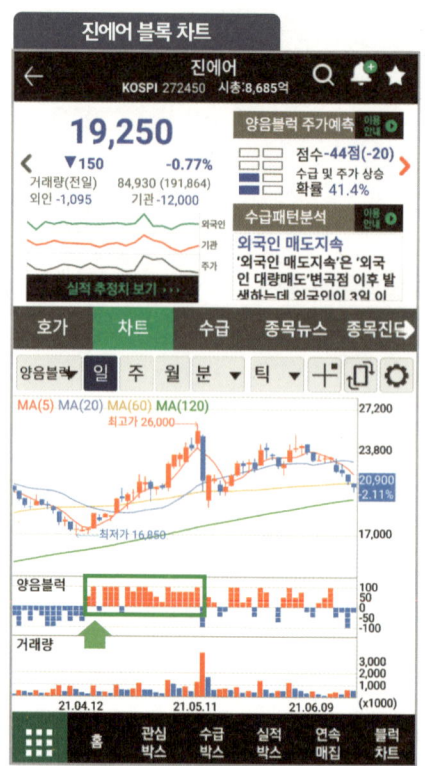

　🔺 표시 이전 주가는 계속 하락세를 보이는데 양음 블록 구간에서 음 블록이 계속 나오고 있습니다. 메이저 세력의 매도세가 계속 나오는 겁니다. 반대로 🔺 표 양음 블록 만점 변곡점이 나온 이후로는 매수세가 계속 유입되고 메이저 세력의 매집도 지속되는 것을 알 수 있습니다. 이럴 때 수익을 극대화하는 거죠. 강한 양 블록 흐름이 계속되면 주가도 계속 오를 가능성이 큽니다. 강한 블록이 이어지다가 약한 블록으로 급격히 전환될 때 주가는 일시 조정이 나옵니다.

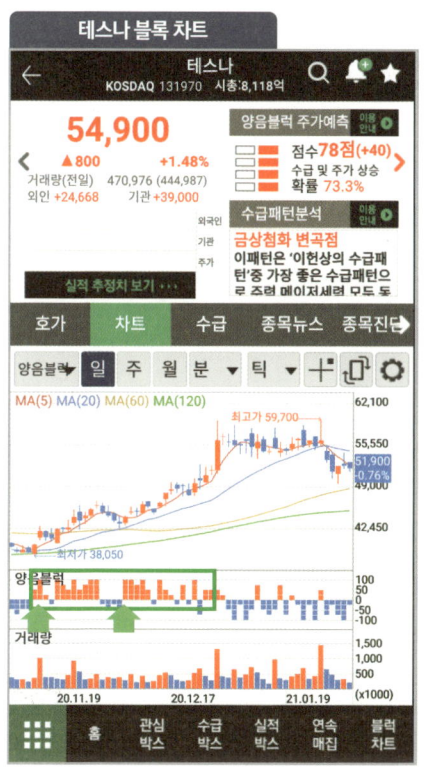

⬆ 표시 시점이 수급의 변곡점인 양음 블록 만점 변곡점입니다. 이후 양 블록이 쌓이면서 주가는 오릅니다. 박스 구간 안에 가끔 음 블록도 1~2칸씩 있는데 주가의 숨 고르기를 의미합니다. 주가가 숨 고르기를 보일 때 메이저 세력도 일부 약한 매도세나 관망세를 보이기 때문입니다. 이후 음 블록이 연속되는 구간에서는 주가가 큰 방향성을 갖기 어렵다는 것을 보여줍니다.

　　🔼 표시 시점을 주목하되 전체적인 블록 현황을 보면 이미 4월부터 매집이 시작되었습니다. 특히 첫 번째 🔼 표 시점부터 매집이 시작되었죠. 보통 매집 시작과 함께 주가가 오를 때도 있지만 4월처럼 주가 횡보+매집이 지속될 때도 있습니다. 이런 경우 결국 오를 수밖에 없는 수급 구조, 즉 양 블록을 만들고 있다고 보면 됩니다.

　　두 번째 🔼 표시 시점은 본격적인 주가상승과 메이저 세력의 매집이 이뤄지는 시점입니다. 이때도 절호의 매수 시점입니다.

　　다음 장에서는 당일 증시 개장 이후 수급 변곡점과 개장 이후 당일 양음블록 만점을 만드는 종목과 실적을 기반으로 실적 패턴을 검색해 매매와 투자 스타일에 맞는 종목을 발굴하는 기술을 소개하겠습니다.

04

수급 박스로 수급의
변곡점 타이밍을 잡아라!

　수급 박스를 이용해 주가가 본격적으로 오르기 시작하는 변곡점과 메이저 수급의 변곡점 종목을 포착할 수 있습니다. 장중에는 수급 잠정치로 양음 블록, 종목 발굴 등 모든 콘텐츠가 반영됩니다. 검색기는 모든 수급 잠정치가 회원사에 반영되는 오전 10시부터 장 마감 때까지 검색 결과가 순차적으로 업데이트됩니다.

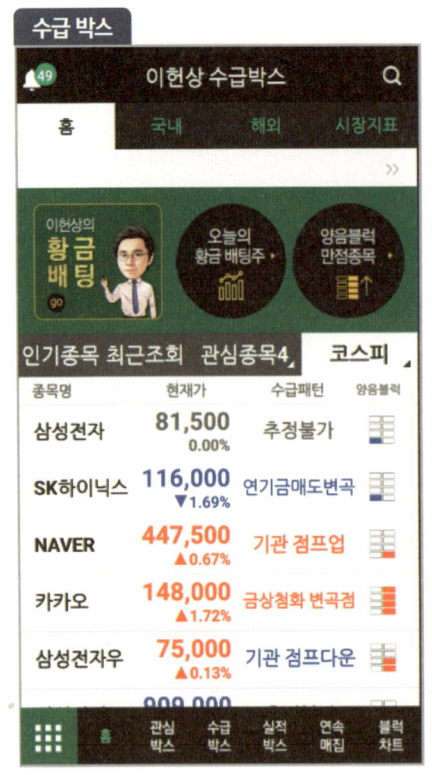 

수급 박스 검색기는 수급을 기초로 종목을 발굴하는데 저는 표시해둔 3가지 수급 패턴을 가장 많이 사용합니다.

1. '황금 베팅' 변곡점 종목 검색

메이저 세력 모두 순매수로 전환하는 변곡점으로 개인 물량을 빼앗는 수급 변곡점 종목을 포착합니다. 보통 양음 블록 만점 변곡점이 여기서 처음 잡힙니다. 쉽게 설명하면 이때부터 메이저 세력(외국인, 기관계, 투신, 연기금 등)이 매집을 시작하고 강한 장대 양봉이 만들어질 가능성이 큽니다. 보통 상승의 출발점 또는 시작점일 가능성으로 보시면 됩니다.

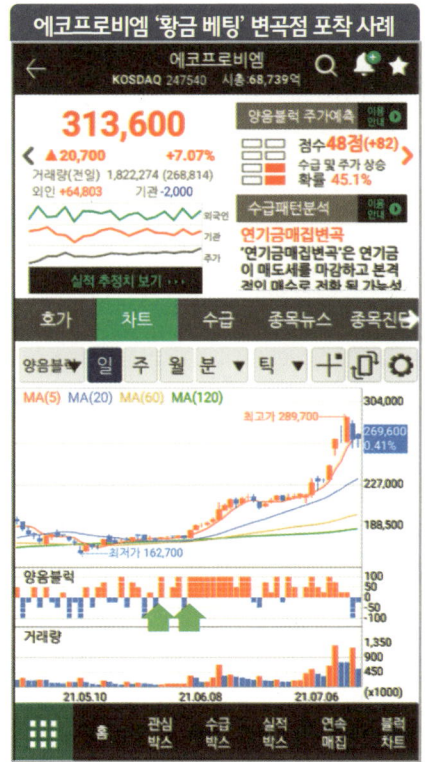

2. '양음 블록 만점 종목' 검색

주가의 위치와 상관 없이 당일 오전 10시 이후 양음 블록이 만점, 양 블록 네 칸을 만드는 모든 종목을 검색합니다. 이제 주가가 상승하기 시작하는 종목부터 이미 상승세를 이어가면서 매에서 수급이 계속 유입되는 모든 종목을 포착합니다. 단기매매, 단타 매매자가 많이 활용합니다.

3. '연기금 매집 변곡점' 검색

　연기금이 매도세를 마감하고 매수세로 다시 전환할 가능성이 큰 종목을 포착합니다. 연기금의 투자 스타일을 감안하면 연기금이 매도세를 지속하다가 순매수로 전환되기 시작하는 지점은 보통 연기금의 순매수 전환 시점으로 보고 이후 연기금이 주식을 꾸준히 매집할 가능성을 열고 보면 됩니다. 중대형주 쪽에서 연기금의 순매수 전환 시점은 긍정적인 매수 타이밍일 수 있습니다.

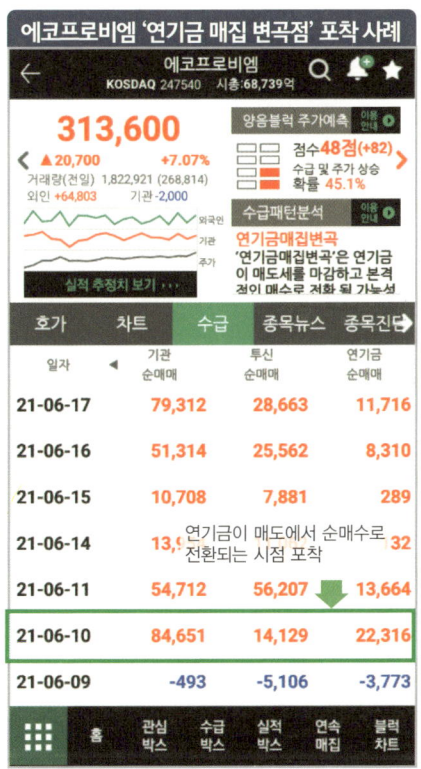

05

실적 박스로 실적의
변곡점 타이밍을 잡아라!

실적 박스는 실적 확정치와 추정치를 통해 실적 패턴을 검색한 결과를 보여줍니다. 역시 '양음 블록'과 '수급 패턴 검색', '실적 패턴 검색'은 제가 특허를 가진 콘텐츠인데요. 몇 가지 핵심 실적 패턴을 그림으로 보여주고 이 패턴에 맞는 종목을 발굴할 수 있습니다. 또한 결과 종목 대상으로 당일 양음 블록(수급 현황)과 미래 실적 추정치를 모두 확인할 수 있습니다.

실적 박스는 5가지 패턴을 제공합니다.
1. 최대 실적 돌파
2. *최대 실적 돌파 임박
3. 턴어라운드 시작
4. *턴어라운드 임박
5. 실적 부진 임박

이 중 1, 2, 3, 4번 활용도가 가장 높으며 바닥권 턴어라운드주를 좋아하는 저 같은 사람들은 3, 4번 패턴을 많이 이용합니다. 반대로 강한 종목을 좋아하는 분들은 1, 2번을 선호하더군요. 실적 박스는 연간 실적이 아닌 분기별 영업이익 기준으로 결과를 만듭니다. 분기별 실적은 이미 발표된 실적과 아직 발표되지 않은 실적으로 결과를 보여주는데 위에 *표가 없는 패턴은 이미 발표된 실적을 기준으로 검색 결과를 만들고 *표가 있는 패턴(임박)은 아직 발표되지 않은 다음 분기 실적 추정치로 검색 결과를 만듭니다.

예를 들어 1번 '최대 실적 돌파'는 분기별 실적이 발표된 영업이익 수치로 만들고 2번 *'최대 실적 돌파 임박'은 다음 분기 영업이익 추정치로 만듭니다. 가장 많이 사용하는 4가지 패턴 그림은 다음과 같습니다.

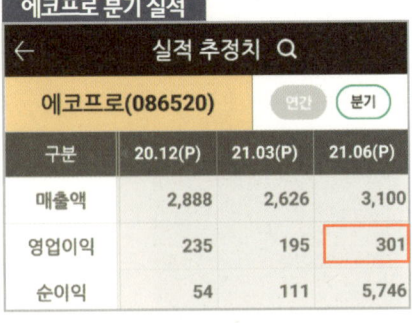

이미 발표된 분기 실적 기준인 패턴은 실선 화살표로 표시

'최대 실적 돌파' 패턴은 이미 발표된 분기 실적이 전 분기 또는 최근 2~3개 분기 내 가장 좋은 실적을 돌파하는 패턴입니다. 위의 결과 중 에코프로의 다음 분기 실적을 보면 2021년 2분기 영업이익이 300억 원으로 전 분기 대비 최대 실적이라는 것을 알 수 있습니다. 이렇게 최대 실적 패턴 종목을 검색합니다.

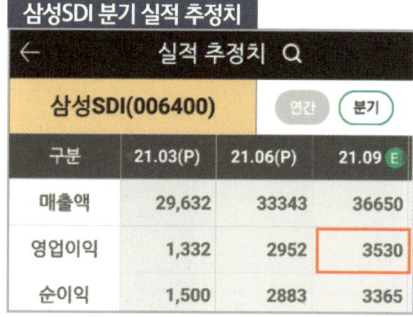

아직 발표되지 않은 분기 실적 추정치가 기준인 패턴은 점선 화살표로 표시

　'최대 실적 돌파' 패턴과 다른 점은 분기 실적 발표 전 추정치로 다음 분기에 최대 실적 돌파 가능성이 있는 종목을 검색한다는 것입니다.

이미 발표된 분기 실적이 기준인 패턴은 실선 화살표로 표시

'턴어라운드 시작' 패턴은 실적 부진이 이어지다가 발표된 분기 실적이 최근 분기 대비 바닥을 치고 실적개선을 시작한 종목을 검색합니다.

아직 발표되지 않은 분기 실적 추정치가 기준인 패턴은 점선 화살표로 표시

'턴어라운드 임박' 패턴은 실적 부진이 이어지다가 아직 발표되지 않은 다음 분기 또는 실적 발표 전 분기 실적이 최근 분기 대비 실적개선 시작 가능성이 있는 종목을 검색합니다. 보통 실적 부진으로 주가 하락세가 이어지다가 실적개선이 기대되는 종목을 검색합니다.

Chapter 5

돈 잃기 힘든 뻔한 머니게임, 공모주와 스팩

01

평생 써먹는 공모주 투자 비법

2020~2021년 시장은 매우 뜨거웠습니다 개인투자자 열기도 매우 뜨거웠죠. 특히 공모주투자도 활황을 보였습니다. 우리는 주식을 유통시장에서 매매하거나 투자합니다. 하루하루 시황 변동에 따라 스트레스를 많이 받는 분이 많죠. 일반 개인투자자가 발행 시장에서 주식투자를 한다는 것은 매우 어렵습니다. 하지만 개인투자자가 발행시장에서의 투자에 접근하기 가장 쉬운 것이 공모주 투자입니다.

여러분도 잘 아시겠지만 2020년과 2021년 상반기 SK바이오팜, 카카오게임즈, 하이브(빅히트), SK바이오사이언스, SK아이이테크놀로지, 카카오뱅크, 크래프튼 등 신규 상장주와 상장 예비종목도 보셨을 겁니다. 평생 써먹을 수 있는 공모주 투자 비법을 지금부터 설명하겠습니다.

기업 공개(IPO)는 비상장 기업이 주식시장에 상장하면서 일반투자자에게 주식을 공개 모집하는 것으로 기업 공개를 앞둔 기업의 공모 증자를 의미합니다. 그런데 비상장 기업 얘기를 하면 사람들은 경계부터 합니다. 옛날에 비상장 기업으로 큰 손실을 본 분들이 많아서 그렇습니다. 하지만 지금 설명하는 비상장 기업 공모주 투자는 그것과 다릅니다. 이것은 비상장 기업이 상장하기 위해 일반투자자에게 주식을 공개 모집하는 겁니다. 여러분이 상장이 될지 안 될지도 모르는 비상장 기업의 주식을 사는 것이 아니라 상장을 앞두고 상장 승인이 되어 일반투자자에게 주식을 공개 모집하는 데 투자하는 것이고 이것이 바로 기업 공개입니다. 그럼 여기서 여러분이 꼭 알아야 할 공모주 투사의 상점과 난점을 설명하겠습니다.

공모주 투자의 장점과 단점

우선 가장 큰 장점은 높은 안정성입니다. 굴곡 없이 안정적이며 수익성도 매우 좋습니다. 그리고 기존 상장기업 대비 낮은 공모가도 그만큼 큰 가격 매력이 있습니다. 하지만 단점도 있습니다. 경쟁률이 매우 심하고 내가 원하는 만큼의 주식을 살 수도 없습니다. 그래서 부지런한 사람들이 꾸준히 매달 유망한 공모기업을 선정해 투자해 차곡차곡 수익을 쌓는 것이 공모주 투자입니다. 공모주 투자는 여러분이 청약을 통해 주식을 매수하면서 시작됩니다. 배정을 받고 주식을 매수하는 것입니다. 청약하면 10일 내외로 상장일이 정해집니다. 여기서 가장 중요한 포인트를 알려드리겠습니다.

==우리는 공모주에 투자하고 그 공모기업이 상장한 후 시장의 평가를 받으며 주가가 오르내리는 데 시간투자를 계속하는 것이 아닙니다. 앞에서 말씀드린 대로 대부분의 투자자가 주식을 사고파는 시장은 유통시장이지만 우리는 공모주 투자를 통해 발행시장에서 투자를 진행합니다. 즉 청약을 통해 주식을 배정받으면 보통 상장일에 주식을 매도해 차익을 얻습니다. 그리고 매달, 매분기 유망 공모기업이 상장할 때마다 이 방법을 계속하는 겁니다.==

하지만 많은 투자자는 신규 종목이 상장되면 그때 그 주식을 유통시장에서 매수하게 되는데 그 주식은 공모가 대비 최대 +100%까지 이미 수익을 내면서 상장하는 경우도 있습니다. 따라서 신규 종목 추격 매수보다 공모주 투자를 통해 신규 종목에서 투자 성과를 올리는 것이 안전하고 유리한 투자 기법입니다.

공모가 대비 상장일 시초가 형성은 다음과 같습니다. 공모가 대비 상장일 시초가는 -10~+100%에서 시작하게 됩니다. 경쟁률이 높고 시장의 기대 종목들은 보통 최대 100% 수익에서 시작하는 경우도 많습니다. 공모가 대비 상장일 시가수익률 차이는 어떤 기업인지, 경쟁률이 얼마인지, 인기 종목인지, 시장에서 유망한 종목인지에 따라 조금씩 달라집니다. 사실 이것이 첫 번째 매력입니다.

두 번째는 자금 회전이 빠르다는 점입니다. 주식은 매수해 물리면 한두 달, 심지어 1~2년 동안 갖고 있어야 할 상황이 생기지만 공모주는 청약하고 배정을 못 받으면 2~3일 후 청약금이 계좌로 다시 들어오며 청약한 다음 10일 내외 상장일에 시초가로 바로 자금 회수를 할 수 있습니다. 그래서 보통 자기 자금으로 공모주 투자를 하는데 빠른 회전력으로 마이너스 통장을 많이 이용하게 됩니다.

증권사 계좌개설 공모주는 주간사들이 있습니다. 대신증권을 이용한다고 대신증권에서 모든 종목을 청약할 수 있는 것은 아닙니다. 공모주마다 주간사가 있기 때문에 주간사 계좌를 갖고 있어야 합니다. 계좌 개설은 불편할 수 있지만 반드시 해야 합니다. 그리고 투자설명서 분석(공모가, 공모 희망가액, 사용 목적 등)을 위해 금융감독원 전자공시 시스템에 가면 증권신고서가 있습니다 다 DART에 접속한 후 회사명을 클릭해 검색하면 내용이 나오는데 증권신고서를 클릭하면 회사 관련 내용을 볼 수 있습니다. 청약 신청을 하고 청약 배정을 못 받았다면 2일 후 환불금 정산이 됩니다. 배정을 받았다면 상장일 시가에 매도하는 전략을 권해드립니다. 청약은 HTS나 증권사 고객센터 통화로 노 가능합니다(경쟁률노 제그).

지금부터 중요한 내용을 알려드리겠습니다. 보통 '안전 마진'이라는 단어가 등장합니다. 청약을 통해 매수하면 상장일 시초가에 매도해 수익 실현과 자금 회수를 하는 것으로 '안전 마진'이라고 부릅니다. 지금까지의 과정을 진행하면 여러분은 처음으로 발행시장에서 투자하게 되는 겁니다.

공모주 청약은 발행시장에서 유통시장으로 진입하는 단계에서 여러분이 주식을 하게 되는 겁니다. 그리고 자금을 다시 회수하는 데 며칠 안 걸립니다. 그럼 다시 공모주를 보고 재투자합니다. 예를 들어 상장일에 20~100%의 수익이 나는 경우 상장일 시가에 매도 처리하면 됩니다 -10~10% 이내 수익이라면 상장일 시가가 낮았다는 것을 의미하거나 비인기 종목이거나 경쟁률이 낮은 종목일 수도 있습니다.

공모가가 10,000원인데 상장일 시가가 20,000원이었다면 수익은 +100%가 됩니다. 15,000원이라면 수익률은 +50%가 됩니다. +50~100%로 시작하면 일부 종목을 제외하고 보통 음봉이 나오고 그때부터 주가가 떨어지는 경향이 많습니다. 공모가 대비 상장일 시초가가 마이너스로 출발하는 종목은 이와 반대입니다. 보통 공모가 이하로 출발하면 일시적 물량이 나와도 수일 내에 반등하거나 상장일 당일 양봉으로 올라서는 종목이 많은 것이 보통입니다. 보통 시가 대비 약 10~20% 오릅니다. 그럼 본전에 팔거나 10~20%에서 빠져나오면 됩니다. 이 점을 잘 기억해두시기 바랍니다. 여러분이 투자한 공모주가 상장일 시초가 수익률로도 매도할지 보유할지 결정할 수 있습니다.

다음으로 어느 종목이 큰 수익을 주는가? 기관투자자는 1주일 먼저 수요 예측을 합니다. 기관투자자의 '청약경쟁률'이 핵심입니다 경쟁률이 높을수록 매력적인 종목이라고 생각하면 되고 보통 기관투자자 80%, 일반투자자 20% 배정이 됩니다 기관 수요를 예측할 때는 보통 300:1, 500:1 이상의 높은 경쟁률을 보이므로 일반투자자의 경쟁률도 당연히 높을 수밖에 없습니다. 그러므로 공모주 투자는 기계적으로 습관처럼 꾸준히 하는 것이 좋으며 자금력이 된다면 풀 베팅도 좋습니다.

다음은 청약할 때의 체크 사항인데요. 보통 첫날은 눈치를 보고 둘째 날 경쟁률을 보고 청약합니다. 경쟁률이 최소 300:1 이상, 500:1인 공모주를 넣

어야 합니다. 물론 예외 사항도 있습니다. 그럼 어떤 종목이 수익을 안겨줄까요? 전반적으로 강세장의 시가수익률이 높으니 공모주 투자도 약세장보다 강세장이 유리합니다. 또 하나는 시장 주도업종 종목과 성장주의 수익률이 좋습니다. 추가로 팁을 하나 더 드립니다. 공모주는 덩치가 큰 종목은 별로 유리하지 않고 약간 작은 종목의 수익이 좋습니다. 물론 시장의 최대 관심사로 떠오르는 IPO 종목 중 매력적인 공모가를 제시한 종목들도 높은 수익률을 주게 됩니다.

공모주 투자의 핵심 비법

1회성 공모주 투자는 의미가 없습니다. 습관처럼 꾸준히 해야 합니다. 매월 유망한 공모주를 선정해 공부해 매월 1~2회 또는 1년 동안 계속 반복하는 겁니다(연 12~20회). 그리고 공모주는 자금 회전이 빠르고 상장일도 정해져 있어 자금 운용상의 불확실성이 없으므로 마이너스 통장 대출을 적극 활용하는 것이 좋습니다. 유일한 단점은 적은 물량을 받는다는 것인데 결국 부지런하고 발 빠르고 꾸준한 투자자가 높은 수익률을 올리게 됩니다. 투자 자금이 어느 정도 여유가 있다면 적극 활용하는 것이 바람직하며 자금 풀 베팅, 마이너스 통장 등도 적극 활용할 수 있습니다.

예를 들어 1회에 수익이 10만 원이라면 월 2회면 연 240만 원이 되고 1회 수익이 20만 원이라면 연 480만 원이 됩니다. 결국 꾸준히 해야만 큰 수익을 올릴 수 있는 방법입니다. 공모주 투자로 기관투자자는 큰 수익을 올립니다. 개인투자자도 습관처럼 꾸준히 한다면 평생 동안 큰 수익을 올릴 수 있을 겁니다.

⟨2020~2021년 주요 공모기업 공모가 및 수익률⟩

종목명	상장일	공모가	상장일 시초가	시초가 매도 수익률	최고가	최고가 수익률
SK아이이테크놀로지	2021. 5.11	105,000	210,000	100%	222,500	112%
카카오게임즈	2020. 9.10	24,000	48,000	100%	62,400	160%
SK바이오팜	2020. 7. 2	49,000	98,000	100%	192,500	293%
SK바이오사이언스	2021. 3.18	65,000	130,000	100%	190,000	192%
하이브(빅히트)	2020.10.15	135,000	270,000	100%	337,000	150%
쿠콘	2021. 4.28	45,000	80,000	78%	90,000	100%
자이언트스텝	2021. 3.24	11,000	22,000	100%	67,700	515%
프레스티지바이오로직스	2121. 3.12	12,400	12,100	−2%	21,550	74%
제주맥주	2021. 5.26	3,200	4,780	49%	6,040	89%
솔루엠	2121. 2. 2	17,000	34,000	100%	39,800	134%

02

공모주 상장 이후
두 번째 수익을 잡아라!

앞에서 주요 공모기업들과 공모가, 상장일 시초가 수익률 등을 표를 통해 보여드렸습니다.

그럼 유망한 공모기업을 청약한 후 상장할 때 차익실현을 하고 또 장내에서 다시 수익을 내는 방법을 설명하겠습니다.

보통 여러분이 청약하는 공모기업은 경쟁률이 높은 인기 종목일 겁니다. 보통 청약경쟁률이 높은 종목들은 상장할 때 공모가 대비 큰 수익률을 올리게 해주는데요. 이 공모주 투자를 하시면서 한 가지 아쉬운 점은 내가 원하는 수량을 못한다는 거죠. 당연합니다. 이런 불로소득이 또 어디 있겠습니까? 그래서 저는 앞의 내용에서 공모주 투자는 꾸준히 하는 것이라고 알려드렸는데요.

그럼 이렇게 청약경쟁률이 높았던 유망종목들이 상장한 후 다시 수익을 주는 경우와 사들여야 할 때를 알려드리겠습니다.

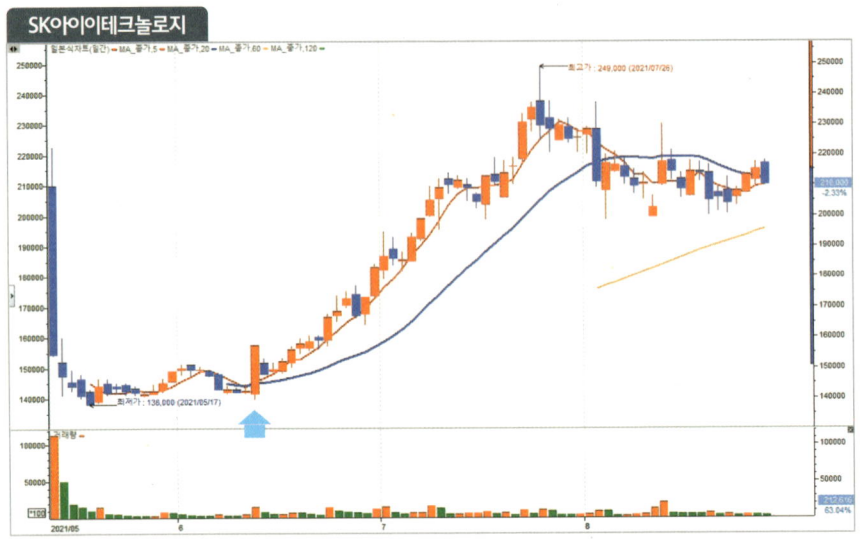

SK아이이테크놀로지는 공모가가 105,000원이었습니다. 그리고 상장일 시초가는 210,000원이었죠. 시초가에 매도 시 +100% 수익률입니다. 동사는 SK그룹의 배터리 소재, 분리막 사업이 주목받던 종목이었습니다. 그래서 공모가 대비 +100% 수익으로 시작했던 겁니다. 좀 예외적인 경우를 제외하고 상장일에 차익을 실현하는 것이 저의 공모주 투자 방법입니다. 물론 상장일 개장 이후 30분 이내에 상한가로 직행하는 경우는 제외하고요. 참고로 이런 경우에는 다음날 아침까지 계속 가져갑니다.

동사의 주가는 +100% 시가 수익률을 주고 하락반전해 급락했습니다. 그리고 주가가 급락하는 과정에서 관심을 가져야 하는 종목이 있습니다. 바로 청약경쟁률이 높았던 종목들입니다. 또한 당시 시장의 주도주였던 2차전지 소재 관련 후속주로 시장의 관심은 더 뜨거웠습니다.

동사는 수요 예측에서 기관 경쟁률이 '1,882:1'이었습니다. 엄청난 경쟁률입니다. 그만큼 시장에서 주목받는 종목이었죠. 이런 경우에는 한 번에 주가가 계속 무너지지 않습니다. 분명히 어느 시점에서는 주가가 다시 상승을 시도하는 변곡점을 만들게 되는데요. 보통 이것을 차트와 수급으로 잡는 방법이 있습니다.

바로 2021년 6월 11일 주가의 변곡점이 만들어졌습니다. 이날 개인투자자들은 대량의 주식매도를 통해 주식을 빼앗긴 반면 기관투자자들은 대량의 순매수를 진행했는데요. 이때 이 주식을 다시 살 기회가 찾아온 거죠. 그런데 하나 재미있는 부분이 있습니다. 주가는 상장 이후 줄곧 하락세를 보였지만 연기금은 하루도 빠지지 않고 주식을 사들인 것을 볼 수 있습니다. 그럼 이 주식은 조만간 상승으로 반전해 수익을 안겨줄 가능성이 높아지는 것이고 그 본격적인 상승의 시작점이 곧 만들어질 거라고 예측할 수 있어야 합니다. 그리고 바로 6월 11일 변곡점이 만들어졌습니다. 이때부터 주가는 다시 급등하기 시작했습니다.

여기서 수급표를 보겠습니다. 주가는 하락해도 상장 이후 본격적인 상승이 시작되기 전인 6월 11일까지의 수급 동향을 참고해 공부해보시기 바랍니다.(기관계 특히 투신과 연기금 순매수)

SK아이이테크놀로지 투자 주체별 수급 동향						
일자	종가	개인	외국인	기관계	투신	연기금 등
2021/06/11	157,500	-217,081	-229,269	467,482	520,016	84,368
2021/06/10	142,500	-49,846	-84,380	136,347	92,597	24,305
2021/06/09	142,000	-25,900	-12,735	38,316	12,261	30,640
2021/06/08	143,000	-3,007	-1,995	5,365	333	6,421
2021/06/07	143,000	84,688	-85,187	-1,061	-1,437	2,373
2021/06/04	147,500	-10,355	-42,060	50,060	-1,502	53,722
2021/06/03	149,500	-49,224	21,011	29,459	4,084	32,262
2021/06/02	149,500	-99,376	75,444	22,953	1,501	30,351
2021/06/01	150,000	-116,640	110,331	5,242	3,448	6,484
2021/05/31	149,000	-150,588	103,782	35,436	2,637	29,991
2021/05/28	145,000	-99,331	13,765	85,247	4,767	63,157
2021/05/27	142,000	-11,725	925	9,032	771	-3
2021/05/26	141,500	9,819	-35,094	24,141	1,632	14,938
2021/05/25	142,000	-15,903	-1,196	18,586	2,504	10,711
2021/05/24	142,500	-52,022	16,118	35,660	9,406	27,079
2021/05/21	143,500	-21,818	-15,093	51,703	1,600	46,956

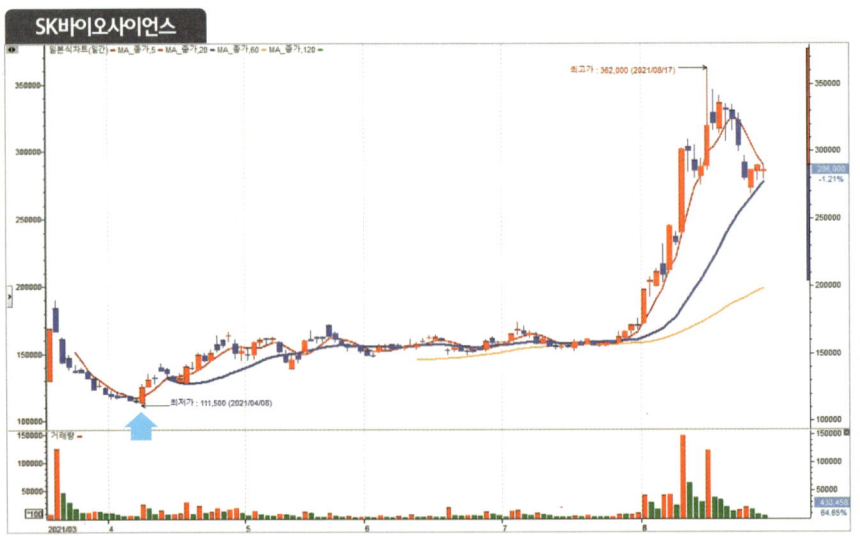

    SK바이오사이언스 주가도 동일하게 보시면 되겠습니다. 공모가 65,000원 그리고 상장일 시초가는 130,000원으로 +100% 수익률을 주고 이후 급락했

습니다. 하지만 급락 이후 연기금 순매수가 꾸준히 진행되면서 4월 8일 주가 상승의 변곡점을 만들고 이후 주가가 상승 전환한 것을 보시기 바랍니다. 이 때가 다시 살 수 있는 시점입니다.

일자	종가	개인	외국인	기관계	투신	연기금 등
2021/04/08	125,500	-161,036	11,250	143,572	38,013	22,358
2021/04/07	114,500	35,784	-33,709	-2,522	-100	1,503
2021/04/06	115,500	12,890	-16,855	3,258	1,099	1,879
2021/04/05	118,000	45,036	-47,916	2,716	995	450
2021/04/02	117,500	214,112	-160,500	-46,534	-6,179	1,863
2021/04/01	119,000	-9,957	-401	6,410	1,180	1,491
2021/03/31	120,500	36,994	-33,080	-6,951	1,914	12,153
2021/03/30	126,500	-13,384	-22,142	37,456	-6,547	53,579
2021/03/29	123,500	34,428	-38,401	7,587	-192	11,937

SK바이오사이언스 투자 주체별 수급 동향

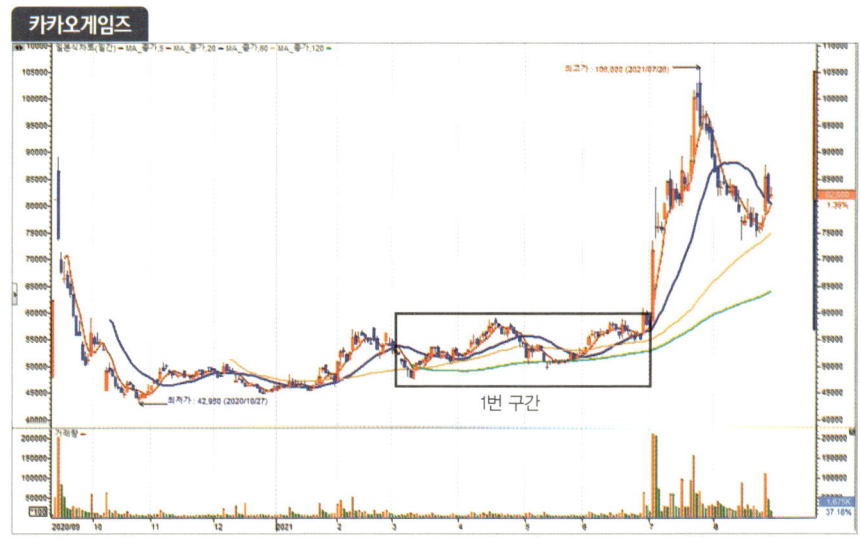

카카오게임즈

Chapter 5 돈 잃기 힘든 뻔한 머니게임, 공모주와 스팩

카카오게임즈는 공모가 24,000원으로 상장한 이후 8만 원대까지 급등했습니다. 이후 주가는 4만 원대 아래로 급락했는데요. 이것은 접근이 좀 다른 케이스입니다. 상장 이후 주가가 급등했고 이후 급락한 경우여서 사실 긴 기간 조정이 필요합니다. 뒤에서 설명드릴 하이브도 카카오게임즈와 같은 패턴이고 당시 저는 이 두 종목에서 +100% 전후의 큰 성과를 올렸습니다.

1번 구간 이전인 2021년 1월에도 이 주식을 살 수 있었지만 우리는 1번 구간 초입인 3월에 동사의 주식에 투자하기 시작했습니다. 하지만 주가는 오르다가 밀리고 밀리면 다시 오르기를 반복해 약 4개월 동안 지루한 박스권 등락을 보였습니다. 당시 매수가격은 50,000~55,000원입니다. 유튜브를 통해서도 당시 수개월간 리뷰를 드리면서 기다리면 터진다고 말씀드렸는데요. 결국 주가는 급등했습니다. 결국 시간 싸움이었습니다. 성장성이 높은 종목이 상장 이후 급락하게 되고 긴 기간 조정을 보이는 과정에서 전저점을 깨지 않고 횡보한다는 것은 큰 모멘텀을 기다리는 거죠. 이후 기다렸던 카카오게임즈의 신작이 흥행에 성공하면서 주가는 10만 원까지 단기간에 2배나 급등했습니다. 그리고 10만 원 전후에서 우리는 투자를 종료했습니다.

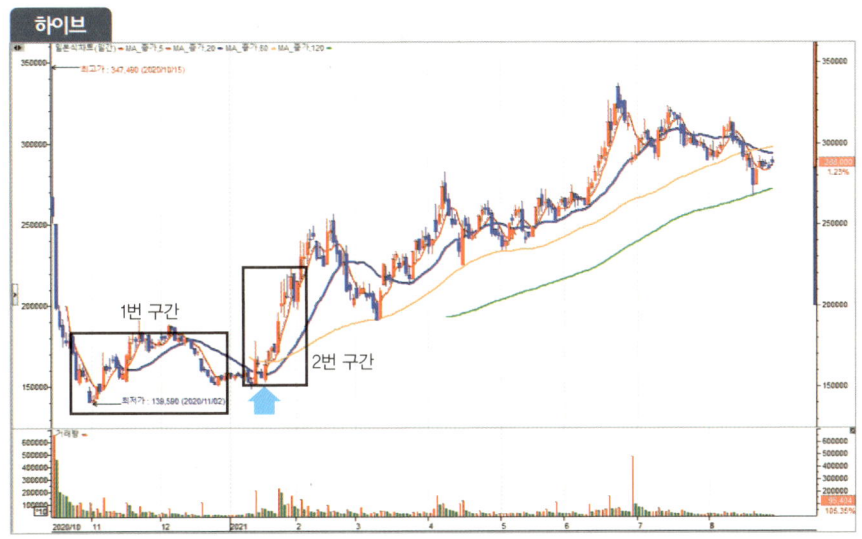

하이브(빅히트)는 공모가 135,000원 그리고 상장일 시초가는 270,000원으로 +100% 수익을 주고 급락했습니다. 특히 이 종목은 BTS 소속사로 상장일 고가에 추격매수한 일반투자자들이 많았습니다. 사실 이후 손실은 엄청났습니다. 상장 당일 최고가가 347,000원이었고 이후 2주 동안 최저가 139,000원까지 폭락했습니다. 거품이 빠진 것이지 계속 폭락할 주식은 아니었습니다. 우리는 이 종목을 2021년 1월부터 투자하기 시작했습니다. 바로 2번 구간인데요. 재미난 부분은 1번 구간입니다. 1번 구간에서 연기금은 상장일 10월 15일부터 2개월간 단 하루만 제외하고 연속 순매수했습니다. 장기적 관점에서 그들이 지기에 비중을 늘려간 것으로 봐야 하고요. 우리는 그 다음 본격적인 상승의 시작점인 변곡점을 잡는 것이 중요해졌습니다. 이후 2021년 1월 18일 본격적인 상승의 변곡점, 수급의 변곡점이 만들어졌습니다. 우리도 이 때부터 장기투자를 시작했습니다. 당시 가격대가 165,000~175,000원 구간이고 이후 주가는 330,000원까지 상승했습니다. 그럼 1월 18일 수급의 변곡점을 보시죠. 공모주 상장 이후 거품이 빠지고 본격적인 수급의 변곡점이 만들어지는 시점은 절호의 매수 포인트가 됩니다.

하이브 투자 주체별 수급 동향

일자	종가	개인	외국인	기관계	투신	연기금 등
2021/02/02	230,175	-85,334	97,646	-8,094	9,673	6,183
2021/02/01	215,325	-62,672	12,365	44,989	14,454	24,061
2021/01/29	202,455	9,452	-16,542	10,789	1,392	17,932
2021/01/28	217,800	-38,377	-87,609	137,195	37,180	109,358
2021/01/27	205,425	-2,926	-38,472	39,805	15,346	33,476
2021/01/26	208,395	1,964	-6,154	7,844	-4,130	36,484
2021/01/25	201,465	-39,934	-9,017	52,554	16,468	38,667
2021/01/22	190,575	-221,406	74,440	151,003	34,163	61,029
2021/01/21	171,270	-1,412	13,330	-10,284	-6,130	22,951
2021/01/20	174,240	-44,848	-7,242	55,449	241	80,124
2021/01/19	171,765	-100,609	29,593	78,140	17,957	49,839
2021/01/18	163,845	-149,360	25,890	119,950	22,465	110,591
2021/01/15	155,430	249,774	21,707	-260,484	-86,885	49,861
2021/01/14	164,340	-33,589	6,589	1,225	10,370	-12,249

03

스팩을 통해
안정적인 수익 스팩 쌓기

　이번에는 다소 생소한 스팩에 대해 알려드립니다. 스팩의 매력 중 하나는 큰 리스크 없이 가능한 높은 수익률입니다. 스팩(SPAC, Special Purpose Acquisition Company)은 타 기업과의 합병이 목적인 페이퍼 컴퍼니, 즉 기업인수가 목적인 회사입니다. 즉 합병을 통해 비 상장회사가 주식시장에 우회 상장할 수 있도록 하는 것이 스팩의 A~Z입니다.

　스팩은 상장 주관사(증권사)가 신주를 발행해 공모자금을 모아 증권시장에 우선 신규 상장한 후 3년 내에 비상장 기업을 인수 합병할 목적으로 태어납니다.

　우리나라는 2009년 스팩 제도가 도입되었고 2007~2008년 금융위기가 발생하면서 우량 중소기업이 자본시장에서 신속한 자금조달이 어려워지자 흑자 도산 사례가 빈번히 발생하면서 기술은 있지만 자금이 부족한 중소기업도 주식시장에 들어와 자금조달 문턱을 낮추자는 취지로 도입되었습니다.

스팩은 SPC(특수목적 회사)이지만 엄연한 회사이므로 우선 초기 출자자로 구성된 주주들이 회사를 만들어야 하며 스팩을 만들 때 대주주는 주로 벤처기업을 발굴하는 전문 투자자이고 스팩 이름에 붙은 증권사는 지분 자체는 크지 않고 스팩 출범 초기에 전환사채를 인수해 스팩이 합병에 성공하면 1주당 1,000원에 주식으로 전환해 투자금을 회수합니다. 초기 투자자를 주로 발기인이라고 부르는데 이들은 공모가의 50%로 진입하므로 상장 후 충분한 수익으로 탈출(EXIT)장치가 마련되어 있다고 볼 수 있습니다.

스팩이 만들어지면 스팩이 보유한 공모자금을 신규 상장 자금처럼 합병 유입금으로 조달할 수 있다는 장점이 있습니다. 단 합병 결정 이후 합병 신주 발행까지 추가적인 기업공개(IPO)는 없습니다.

2009년 스팩 제도 도입 이후 첫 스팩은 2010년 3월 3일 유가증권(코스피) 시장에 상장한 대우증권 스팩(121910)이었는데 아쉽게도 피인수 기업을 못 만나 2012년 10월 15일 상장폐지되어 역사 속으로 사라졌습니다. 물론 상장폐지되더라도 공모가 기준 투자 원금과 0.8% 이자를 합친 돈을 돌려받을 수 있습니다.

그 후 스팩은 코넥스 및 비상장 기업의 주요 상장 통로로 활용되었으며 2021년 1분기 기준 총 202개 스팩이 증권시장에 상장되었고 그 중 103개는 우량 비상장 기업(코넥스)과 합병 상장에 성공했거나 진행 중이며 48개는 합병 대상을 찾지 못해 상장폐지되었고 현재도 지속적으로 스팩이 코스닥 시장에 상장되어 거래가 진행 중입니다.

참고로 스팩은 기업공개 전에 합병할 회사를 특정할 수 없고 합병 대상을 미리 정해 놓으면 미공개 정보 이용 가능성이 있어 합병 회사를 정할 수 없지만 합병하려는 업종 정도는 공개 가능합니다. 이 내용은 스팩 정관(규칙)에 담겨 있으며 이 정관 내용을 상장할 때 제출하는 증권신고서에도 기재해야 합니다.

그럼 IPO 기업공개를 정식으로 하지 않고 왜 굳이 스팩을 통해 상장하려고 하는지 궁금하실 겁니다. 주식시장에 상장할 때도 단 한 가지 방법뿐만 아니라 다양한 옵션을 통해 비상장 회사들이 각자 요건에 맞게 상장 방식을 고르게 하는 제도로 생각하면 됩니다. 스팩도 정식 상장이 아니다 보니 우회 상장에 따른 리스크로부터 투자자 보호를 위해 몇 가지 보호 의무가 있습니다.

첫째, 자본시장법에 따라 상장 공모 때 확보한 자금의 최소 90% 이상을 함부로 쓰지 말고 은행에 의무적으로 예치할 것. 이 자금으로 추후 스팩이 합병에 성공하지 못하고 청산되면 최소한 원금을 반환하도록 합니다.

둘째, 스팩 상장 주관사가 받는 인수 수수료의 절반을 합병에 성공한 후 받으라는 조건도 있으며 일반적인 상장 때는 인수 수수료를 일시불로 받지만 스팩은 합병에 성공해야만 진정한 가치가 있는 만큼 상장 주관사도 수수료를 전부 받기 위해서라도 합병 성공에 최선을 다하라는 취지입니다.

그럼 스팩 공모는 어떻게 진행될까요? 스팩이 상장할 때 일반 투자자를 대상으로 자금을 모으는 공모 절차는 일반적인 상장 공모주와 비슷합니다. 다만 스팩 공모는 특이하게 1주당 공모가가 2,000원으로 고정되어 있습니다. 스팩 자체가 상장할 때는 특별한 사업이 없는 껍데기와 같은 페이퍼 컴퍼니이므로 순자산도 비슷하고 공모가 산정을 위해 비교할 대상도 없어 일반적으로 공모가를 2,000원으로 통일합니다(2,000원을 '안전 마진'이라고도 부릅니다. 합병이 정해지지 않은 상태에서 2,000원 이하에서 매수하면 손실 가능성이 거의 없습니다).

단 일반 상장 공모와 달리 스팩 공모는 청약증거금율이 100%이며 공모주 배정 방식은 일반 상장 공모와 같이 절반은 균등 배정, 나머지는 비례 배정입니다. 2021년 1분기만 해도 스팩 공모 때 균등 배정 수량이 100주를 넘기는 등 비인기 공모주였지만 최근 스팩 공모주에도 투자자의 관심이 커지면서 경쟁률이 매우 높은 상황입니다. 당분간 스팩도 공모주 광풍 주식이 될 수 있지만 합병 대상이 없는 SPC라는 점을 감안하면 이상 급등은 정상이 아니므로 반드시 주의해야 합니다.

* 스팩도 상장 후 '따상'이 가능할까?

정상적인 경우라면 스팩은 상장 후 '따상'이 없어야 합니다. 합병 대상을 찾을 때까지 특별한 사업이 없는 페이퍼 컴퍼니이므로 상장 후 주가가 급등하면 뭔가 이상하다고 할 수 있습니다. 스팩은 상장해 합병 대상을 찾을 때까지 껍데기이기 때문입니다. 하지만 최근처럼 시장 분위기에 따라 공모주를 받지 않고 상장 이후 주가가 급등한 상태의 스팩을 투자한 경우라면 급등한 주가를 보고 합병 대상을 찾을 기대감에 추격 매수를 고민할 수 있지만 이것은 매우 위험하며 시장 변동에 따라 가격도 2,000원에 다시 급격히 수렴할 수 있다는 점을 명심해야 합니다. 따라서 스팩으로 수익을 내려면 공모가 2,000원 또는 그 이하에서 매수해 시간투자를 해야 합니다.

스팩은 상장 후 합병 대상을 찾아 합병하는 것이 주 목적입니다. 합병하려면 일단 합병 대상을 찾은 후 합병 비율을 정해야 합니다. 한쪽에는 스팩, 다른 한쪽에는 비상장 회사 두 회사의 주식가치를 산정한 후 '몇 대 몇'으로 교환할지 규칙을 정하는 것이 합병 비율이며 스팩은 보통 공모가인 2,000원으로 주당 가치를 정하고 합병 대상인 비상장 회사는 회계법인이 평가해 기업가치를 정해 그 교환가치를 정하도록 되어 있습니다.

만약 비상장 회사의 주당 가치가 회계법인으로부터 1만 원으로 평가되었다면 스팩과 합병 비율은 1:5입니다. 비상장 주식 1주당 스팩 주식 5주와 교환하는 거죠. 이후 비상장 회사의 대주주는 합병 이후 스팩의 대주주가 되면서 우회 상장 효과를 거두며 스팩 이름은 비상장 회사의 이름을 승계해 거래됩니다. 하지만 합병 비율을 산정할 때 스팩의 주당 가치를 2,000원으로 정한 것은 통상 그렇다는 것이지 반드시 그런 것은 아닙니다.

스팩은 엄연한 상장회사이고 시장가치가 있어 주가를 반영해 합병 가격을 정해야 하기 때문이며 정확한 공식은 합병 계약일로부터 최근 1개월, 1주일, 최근일 주가의 평균값으로 정합니다. 평균값이 나오면 30% 재량 범위에서 할인 또는 할증해 주당 가치를 구할 수 있습니다.

정상적인 스팩이라면 합병 계약 전까지 공모가 2,000원 수준에서 큰 주가 변동이 없으므로 대부분의 스팩은 합병 비율을 산정할 때 자신들의 주당 가치를 2,000원으로 결정합니다. 2009년 이후 상장된 스팩이 대부분 공모가 2,000원으로 상장되었습니다. 그런데 스팩이 합병 발표 전부터 주가가 급등한 상황이라면 즉 스팩이 합병 발표 전 주가가 1만 원까지 급등했다면 합병 비율을 따질 때 스팩의 주당 가치도 그만큼 올라가고 1만 원이라면 30%를 할인해도 주당 가치는 7,000원으로 산정해야 하며 주당 가치가 1만 원인 비상장 회사와 합병한다면 합병 비율은 1:1.4가 됩니다. 이런 스팩과 합병하는 것은 상장회사 입장에서는 달갑지 않으므로 최대 주주 입장에서는 합병 비율이 불리해져 스팩과 굳이 합병한 명분이 없을 수도 있습니다.

다시 정리하면 비상장 회사 대주주로서는 본인이 합병 이후 지분을 더 많이 가질 수 있는 스팩과 합병하려는 것이 당연하며 스팩이 합병을 발표하기도 전부터 주가가 공모가 대비 급등한 상황이라면 합병 대상을 찾기 어렵고 합병 대상과 협의 중이라도 합병까지 클로징되기 쉽지 않을 겁니다. 따라서 투자자는 이미 오른 스팩을 대상으로 합병에 대한 기대감으로 추격 매수하는 것은 위험하니 반드시 주의해야 합니다.

뒤집어 말해 합병 대상을 찾지 못했을 때, 주가가 아직 2,000원 수준에서 움직일 때가 좋은 시점입니다. 스팩과 합병하는 비상장 회사는 규모가 작으며 카카오뱅크나 크래프톤은 처음부터 스팩과 합병하지 않고 기업공개를 거쳐 상장하므로 스팩과 합병해 우회 상장하는 곳은 정식 절차로는 주식시장 상장이 쉽지 않다고 판단하는 경우가 대부분일 겁니다. 따라서 합병이 호재더라도 합병 이후 주가가 단기간에 급등하는 것은 비정상이므로 주의해야 합니다. 또는 스팩을 보유하고 있다가 합병 호재로 급등할 때 차익을 실현하는 방법도 있습니다.

우리나라 스팩 역사상 최초인 대표적인 사례가 최근 상장한 삼성머스트스팩5호입니다. 첫날 '따상' 이후에도 3거래일 연속 상한가로 '따상상상상'을 기록하며 11,000원까지 급등해 거래소의 주가 급등 사유를 묻는 조회 공시 요구를 당하기도 했습니다. 물론 합병 대상을 정하고 상장했다면 위법이므로 조회 공시 결과, 주가에 영향을 미칠 만한 정보가 없다고 했지만(합병 대상이 없다) 아직도 공모가보다 높으므로 최근 그만큼 공모주 시장과 심지어 스팩시장에도 열풍을 넘어 광풍이 불고 있습니다.

스팩이 상장 후 합병 대상을 찾아 합병이 성공한다면 좋겠지만 현실적으로 그렇지 않은 경우가 더 많습니다. 따라서 스팩은 상장 후 3년 내에 합병을 완료해야 하며 합병에 실패하면 상장폐지 수순을 밟고 생을 마감하는데 여기서 3년은 합병 최종 단계인 합병 등기를 의미하며 투자자가 기억해야 할 시간은 2년 6개월(30개월)입니다.

2년 6개월 내에 합병 대상을 찾아 거래소에 합병 심사를 청구하고 합병 심사 청구에서 합병 등기까지 6개월가량 후속 절차가 필요하다는 점을 염두에 둬야 하며 상장 후 2년 6개월 내에 상장 공시를 못하는 스팩은 즉시 관리종목으로 지정되며 추가 1개월 내에 합병 대상을 찾지 못하면 즉시 상장폐지

절차가 진행됩니다(물론 상장폐지되더라도 일정 원금은 보장받습니다).

한국거래소 통계를 보면 스팩 제도 도입 이후 2021년 5월까지 합병 성공 비율은 69%, 실패 비율은 31%입니다. 7:3 비율로 실패 사례도 있으니 투자 리스크를 반드시 체크해야 합니다. 스팩도 시장 트렌드를 따르며 주식시장 사이클에 따라 스팩과 합병하는 기업의 차별화도 확연해 합병 대상이 현재 시장을 주도하는 주도 기업과 같은 방향인지 확인해야 합니다.

2011년 초반은 자동차 부품, 2015년은 헬스케어와 화장품, 2017~2019년은 IT기업, 2020년 이후부터 현재까지는 플랫폼, 코로나19 관련 바이오 헬스케어, 메타버스, 자율주행차, 전기자동차 소재 장비주가 충실히 트렌드에 맞게 합병되어 활발히 거래 중입니다. 트렌드를 통해 SPAC 투자 합병에 따른 성공 여부를 알 수 있는 사례로 2020년 9월 같은 날의 합병 심사 승인을 소개합니다.

대신스팩6호의 국전약품 VS 한국투자스팩7호 아셈스인데 의약품이 주력인 국전약품은 높은 밸류에이션(3,500억 원)으로 적용되어 현재 거래 중이지만 친환경 접착제 회사 아셈스는 밸류 체인이 소비재, 자동차 등이어서 밸류에이션을 받지 못하는 동시에 회계 감리 지연에 따라 스팩 상장이 무산된 사례가 있습니다.

2015년 당시 화장품과 바이오가 시장 주도 업종이었는데 미래에셋스팩2호의 콜마비앤에이치 합병과 KB스팩3호의 프로스테믹스 합병을 통해서도 합병 대상이 트렌드에 맞는 업종인지 여부가 당시 매우 중요한 포인트라는 것을 알 수 있고 그에 따른 성과도 줍니다.

미래에셋스팩2호와 합병한 콜마비앤에이치의 합병 당시 시가총액은 1,952억 원이었지만 2021년 8월 현재 시총 1조 2천억 원에서 형성 중이며 KB스팩3호와 합병된 프로스테믹스는 합병 당시 911억 원, 현재 1,300억 원으로 지수 상승 대비 수익률 차이가 확연합니다. 따라서 어떤 SPAC과 합병할지 미리 알 수 없는 SPAC 투자자는 합병 공시가 되어 거래정지 후 재거래될 때 보유 및 매도 등 적절한 전략을 병행해야 합니다.

보통 합병 공시 후 거래가 재개될 때 주가가 급등하는 경우가 있는데 이때가 차익을 실현할 절호의 시점입니다. 거래 재개 후 주가 상승이 크지 않다면 계속 보유하는 전략도 좋습니다. 반면, 3년이라는 생존 기간 동안 합병 대상을 찾지 못해 상장폐지 수순을 밟는 SPAC도 있으니 투자할 때 중간에 탈출(EXIT)하고 다른 SPAC을 찾을지 발행가 2,000원에 0.8% 수준의 이자수익을 얻을지 적절한 결정을 내려야 합니다.

스팩이 상장폐지되는 경우 일반 주식과 달리 청산작업을 통해 일정 투자원금을 돌려주는 제도적 보완장치가 마련되어 공모가 2,000원 부근에서 매입했다면 때로는 안정적인 투자 역할도 할 수 있습니다. 스팩은 상장 때 모은 공모자금을 함부로 사용할 수 없고 공모자금의 90% 이상을 은행에 예치해야 하므로 은행에 맡겨둔 공모자금으로 상장폐지되었을 때 주주에게 원금에 약간의 이자(0.8% 수준)를 더해 돌려주므로 나름 공모가 부근에서 매입했다면 앞에서 말한 대로 매우 안정적인 투자처가 될 수 있습니다. 사실 이 점이 스팩 투자의 최대 장점입니다.

==합병에 대한 기대감으로 주가가 오른다면 이익을 실현할 수 있고 합병이 성사되어 비상장 주식으로 변경될 때 주가 급등이 예상되어 높은 기대수익률을 기대할 수 있고 합병에 실패하더라도 원금 2,000원에 약간의 이자를 더해 받을 수 있으므로 시간투자를 할 수 있다면 안전 마진이 보장된 상품으로 봐도 됩니다.==

스팩에 투자한다면 어느 스팩이 먼저 합병되어 주가가 상승할지 모르니 70% 확률로 몇 개 스팩(2,000원 이하나 그 근처에서 가격을 형성 중인, 만기 1년 6개

<u>월 이상 남은 스팩</u>)에 분산투자하고 합병된다면 안정적인 수익을 얻을 수 있으므로 공격적인 성향의 투자자보다 안정적인 은행 예금 + a의 초과수익을 추구하는, 중위험을 감내할 수 있는 투자자에게 적합한 상품으로 소개합니다.

복권보다 확률이 높은 안전 마진이 보장되고 합병만 된다면 텐버거를 노릴 만한 매우 매력적인 투자 대상이며 하락장, 약세장에서 기대수익을 낮춘 안전한 투자처로 삼을 수 있습니다. 끝으로 스팩 투자로 수익을 실현하는 기회를 한 번 더 정리합니다.

1. 합병에 대한 기대감, 실제 합병 시 급등으로 장내 매매
2. 합병 시 주식매수 청구권 행사
3. 합병 실패 시 원금 + 약간의 이자를 받는 것(2,000원 + 0.8% + a)
4. 상장폐지 직전 단계에서 차익거래로 수익을 실현하는 방법

이상 스팩 투자를 설명했습니다.

04

스팩으로 실전에서 100% 이기는 비법

앞에서 스팩의 개요와 스팩 투자 시 중요한 내용을 설명해드렸습니다. 이제 뻔한 2가지 승부를 알려드리겠습니다. 우선 고려해야 할 것은 주식이지만 주식매매처럼 생각하면 안 됩니다. 공모주 투자 비법을 소개하면서 우리가 하는 공모주 투자는 유통시장에 상장한 주식을 사는 것이 아니라 발행시장에서 청약을 통해 공모주 투자를 시작하고 유통시장에 상장될 때 빠져나오는 방법을 설명해드린 것과 비슷합니다.

'주식이지만 주식매매처럼 하면 안 된다'라는 말은 무슨 뜻일까요? 우선 주식매매처럼 서둘지 말라는 뜻입니다. 스팩은 뻔한 스토리대로 정해진 프로세스대로 움직이게 되어 있으니까요. 그리고 급히 산다고 오르는 것도 아니고 큰 투자 자금을 한 번에 장내에서 매수하기도 힘들 겁니다. 물론 한 번에 많은 물량을 팔기도 쉽지 않을 겁니다. 이것이 스팩의 특징입니다.

저는 스팩을 수익률이 조금 높은 적금이나 옛날 곗돈 타듯 또는 건물주가 아니더라도 임대수익률 이상의 임대수익을 한 번에 거둘 수 있는 투자 방법이라고 생각합니다. 그럼 지금부터 스팩을 통해 수익을 내는 2가지 실전 사례를 잘 기억하시기 바랍니다.

첫 번째는 스팩이 합병에 성공하는 경우입니다. 스팩이 어떻게 생겼는지, 주가가 어떻게 움직이는지 잘 보시고 언제 사모으고 언제 수익실현해 빠져나오는 것인지 다음 사례를 통해 알아두시기 바랍니다.

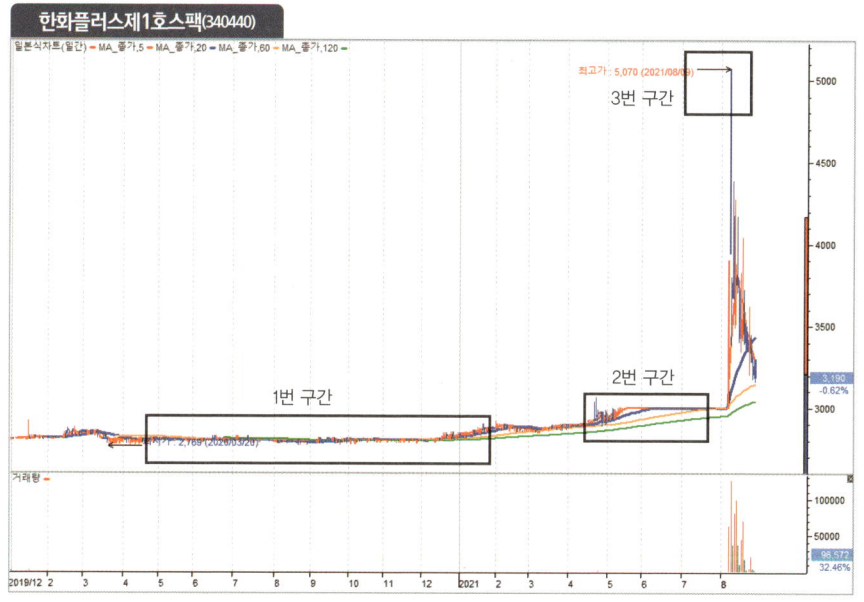

한화플러스제1호스팩(기업인수 목적 주식회사)입니다. 우선 평소 보던 종목명과 조금 다르죠? 쉽게 설명해드릴게요. 스팩은 앞에서 설명한 대로 기업 인수합병을 목적으로 상장한 회사입니다. 한화플러스제1호스팩도 당연히 그런 목적으로 상장한 거고요. 이것은 상장 이후 인수 합병에 성공한 사례로 합병 전후의 주가 흐름을 잘 보여줍니다.

1번 구간

　한화플러스제1호스팩 주가는 계속 횡보하게 됩니다. 주가가 오르는 경우는 합병 대상을 찾았거나 일시적으로 매수세가 급증할 때입니다. 스팩에 투자한다면 앞에서 설명한 좋은 스팩을 고르고 천천히 매집해나갈 텐데요. 하루에 많은 물량을 살 수 없다는 단점을 꼭 알아두시기 바랍니다. 말씀드린 대로 매일 저금하듯 사들이면서 모아가는 방법이 가장 좋습니다. 아니면 상장할 때 청약하는 방법도 있습니다.

2번 구간

　주가가 슬슬 오르기 시작하는데 이것은 합병 기대감 때문입니다. 그리고 곧 합병 결정과 함께 거래정지가 진행되는 구간입니다. 이때 한화플러스제1호스팩은 비상장 회사인 ㈜세림비앤지를 흡수 합병합니다. 참고로 다음 표의 내용을 보면 합병 방법, 존속 법인과 소멸 법인, 재무와 영업에 미치는 영향, 예치금 사용 예정자, 합병 비율 등을 확인할 수 있습니다.

1. 합병 방법	코스닥시장 상장회사인 한화플러스제1호기업인수 목적 주식회사가 주식회사 세림비앤지를 흡수 합병
－합병 형태	해당 사항 없음
2. 합병 목적	(1) 기업의 지속적인 성장, 발전을 위한 투자재원의 확보 (2) 기업신뢰도 제고 및 영업경쟁력 확보 (3) 임직원 사기진작 및 국내·외 우수인력의 유치 (4) 기업 경영 및 조직체계의 합리화 도모
3. 합병의 주요 영향 및 효과	〈경영에 미치는 효과〉 한화플러스제1호 기업인수 목적(주)와 (주)세림비앤지의 합병이 완료되면 형식적으로는 한화플러스제1호 기업인수 목적(주)가 존속법인이 되고 (주)세림비앤지는 소멸법인이 되나 실질적으로는 (주)세림비앤지가 사업의 계속성을 유지한 채 코스닥시장에 상장하는 효과가 발생하게 됩니다. 〈재무에 미치는 효과〉 (주)세림비앤지는 한화플러스제1호 기업인수 목적(주)와의 합병을 통해 자기자본을 확충하고 이를 투자재원으로 활용함으로써 설비투자 확대로 사업의 성장을 이룰 수 있을 것으로 예상됩니다. 〈영업에 미치는 효과〉 합병이 완료되면 한화플러스제1호 기업인수 목적(주)는 유일한 사업 목적인 다른 기업과의 합병을 달성하게 되며 실질적인 경영활동은 피합병 법인인 (주)세림비앤지의 사업을 통해 영위하게 됩니다. (주)세림비앤지는 합병을 통해 한화플러스제1호 기업인수 목적(주)가 보유한 예치금을 투자에 활용하는 것은 물론 코스닥시장에 상장하는 효과를 누리게 되며 이러한 과정에서 언론 및 투자자에게 많은 노출의 기회를 가질 수 있습니다. 또한, 투자금의 유입으로 제고되는 재무구조를 활용해 더 낮은 금리로 시장에서 자금을 조달할 수 있으며 코스닥시장 상장사로서 기관투자자, 애널리스트 등은 물론 개인투자자로부터 관심을 받게 되어 직원의 자긍심을 고취하고 사업 확장 및 대외 인지도 향상에 큰 효과를 거둘 수 있을 것으로 판단됩니다.
4. 합병 비율	한화플러스제1호 기업인수 목적(주):(주)세림비앤지 = 1:214,6728466

중요한 부분은 다음 단계입니다.

3번 구간

3번 구간은 합병이 완료되어 거래가 재개된 날입니다. 상장 첫 날인 2021년 8월 5일 주가는 상한가로 마감합니다. 다음 날 주가는 상한가로 출발합니다. 하지만 이때는 보유한 주식을 수익실현을 하고 빠져나와야 하는 타이밍입니다. 스팩에 투자해 합병에 성공하면 투자수익을 거둘 시점으로 봐야 합니다. 제 경험상 합병에 성공하면 주가는 2가지 흐름을 보입니다. 하나는 유망기업과 시장 분위기에 맞는 종목으로 거래 재개 시 급등하는 경우입니다. 이때 십중팔구 차익실현을 생각해야 합니다. 반대로 합병 이후 거래 재개 시 주가가 급락해 출발하는 경우도 있는데 이때는 회복 시점을 기다리는 것이 맞습니다.

한화플러스제1호스팩은 1번 구간에서 천천히 주식 매집을 진행하고 2번 구간에서 합병 공시와 함께 거래 정지 그리고 3번 구간에서 거래 재개 시 곗돈 타듯 또는 임대료를 한 번에 몰아서 받는다는 생각으로 차익실현을 해야 합니다. 한화플러스제1호스팩의 경우, 100% 가까운 수익률이 발생했는데 보통 약 20~50% 수익률을 목표로 잡을 것을 권합니다.

만약 합병에 실패해 상장폐지가 되면 어떻게 되냐고요? 여러분의 돈을 모두 날리게 되는 건가요? 그렇지 않다는 것을 앞에서 알려드렸고 그래서 우리는 스팩 투자를 하는 겁니다.

두 번째는 합병 공시 전 일시적으로 급등하는 경우입니다. 언제 사모으고 언제 파는지 잘 보시기 바랍니다.

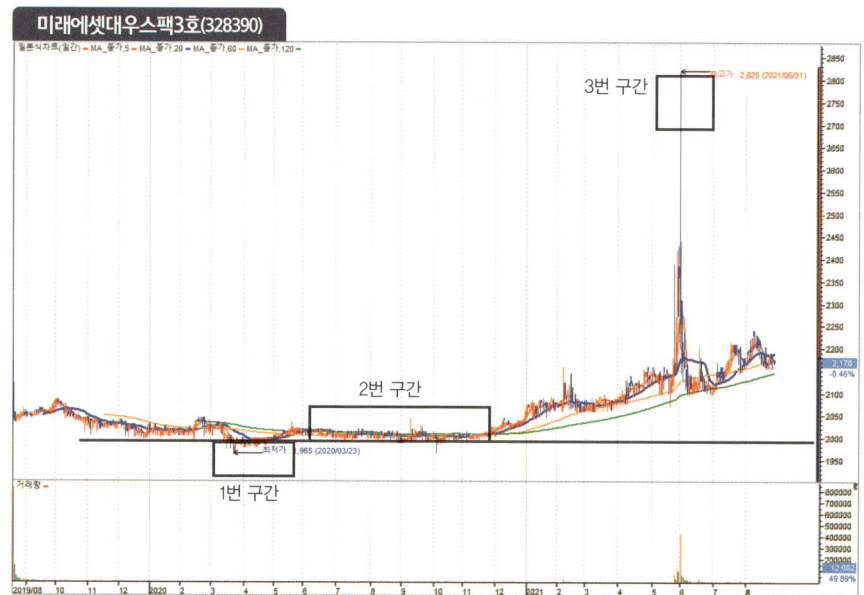

　미래에셋대우스팩3호의 일봉 차트를 보면 검은색 실선이 있습니다. 실선은 주가 2,000원을 표시한 것입니다. 스팩에서 2,000원이 왜 중요한지 앞에서 설명해드렸습니다. 1번 구간은 일시적으로 2,000원이 깨지는 시점입니다. 2,000원 밑에서 스팩 주식을 사면 합병 불발로 만기 때 상장폐지되더라도 공모가 대비 차액+이자를 받을 수 있습니다. 스팩 공모가는 대부분 2,000원입니다. 그래서 2,000원 밑에서 주식을 사거나 2,000원에서 청약을 받았거나 장내에서 2,000원에 주식을 매수했다면 그것을 안전 마진으로 보면 됩니다. 그래서 2,000원 밑으로 내려오는 스팩을 무조건 사두면 되는 겁니다.

　2번 구간은 공모가 2,000원 선에서 소위 '늘어지는' 구간입니다. 이때는 급히 사들인다고 주가가 오르지도 않고 많은 물량을 급히 살 수도 없습니다. 손실 없이 투자수익을 올리기 위해서는 당연히 조금씩 사모으는 수고를 감수해야 합니다.

3번 구간

2021년 5월 말부터 며칠간 주가는 급등하기 시작합니다. 3번 구간의 정점은 2,800원으로 2,000원 기준으로 보면 약 40% 수익입니다. 이때 차익실현을 해야 합니다. 스팩은 욕심을 버려야 합니다. 앞에서도 말씀드렸듯이 스팩 투자수익률은 20~50%입니다. 합병 전에 일시적으로 주가가 급등하는 경우, 반드시 차익실현을 해야 합니다. 이후 주가가 다시 공모가 수준으로 내려왔을 때 다시 매입을 시작하면 됩니다. 다만 여기서 한 가지 고민할 부분은 스팩의 수명이 3년이라는 점이죠. 3년 만기를 반 년 정도 남겨둔 스팩은 안전마진 부근이라도 매수할 이유가 없다고 보시는 것이 맞습니다. 합병에 실패할 가능성이 크니까요.

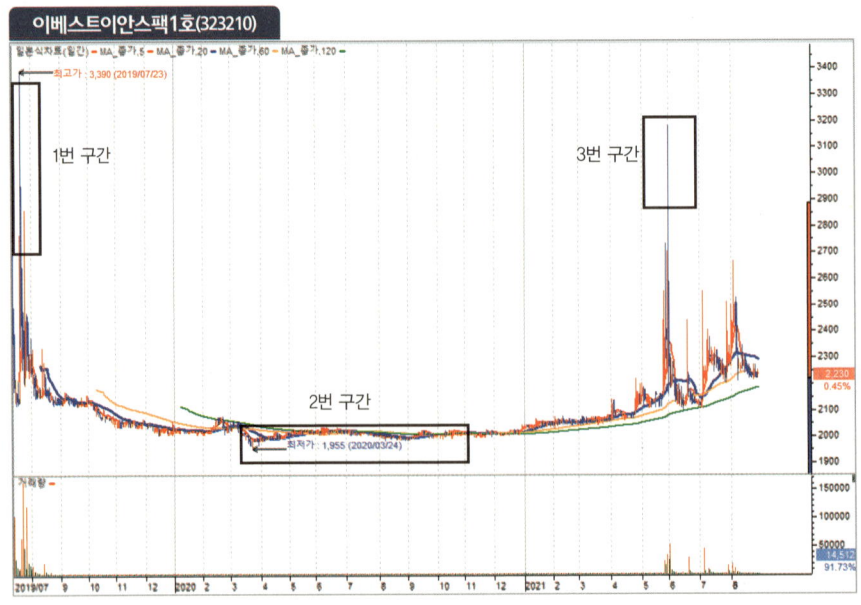

다음은 2019년 7월 상장한 이베스트이안스팩1호입니다. 1번 구간은 상장 이후 주가가 급등한 경우입니다. 최고가는 3,390원입니다. 공모가 대비 약

70%의 수익률입니다. 이때는 차익실현이 정답입니다. 이유는 간단합니다. 지금 막 상장한 주식이기 때문이죠. 그리고 지금부터는 합병 대상을 기다리는 겁니다. 다시 2,000원 부근으로 올 때까지 기다립니다.

2020년 들어 주가는 다시 2,000원 부근까지 내려왔습니다. 그리고 2번 구간 초입인 2020년 3월 2,000원 이하로 내려왔습니다. 이때 사두면 되는 겁니다. 앞에서 안전 마진 얘기를 드렸습니다. 완벽한 안전 마진입니다. 그리고 2,000원에 사모으면 손해볼 것이 없다고 말했습니다. 2번 구간은 천천히 사모으는 구간입니다.

2021년 5월말 주가가 급등합니다. 그리고 3번 구간에 진입하는데 이때부터 본격적으로 오르기 시작하므로 홀딩이 아니라 차익실현을 해야 합니다. 합병 공시 이전에 주가가 크게 급등하면 차익매도해야 한다고 말씀드렸는데요. 3번 구간에서 주가는 약 3,200원까지 올랐습니다. 2,000원 대비 60%의 수익률입니다. 저라면 수익률 30% 이상에서 분할매도했을 겁니다.

정리해드리면 대박을 내기 위해 스팩에 투자하는 것이 아닙니다. 주식이지만 우리가 하는 주식거래와는 조금 다른 방식으로 뻔한 승부를 계속하는 겁니다. 연 20% 내외 수익률에 투자한다면 스팩은 손해볼 수 없는 뻔한 승부입니다. 그리고 스팩 주식을 매수하는 방법은 2가지입니다. 장내에서 분할매수를 통해 보유 비중을 천천히 늘려가거나 스팩이 상장을 위해 공모를 시작할 때 청약을 통해 비교적 많은 물량을 잡는 것입니다. 중·장기 성향의 투자자라면 또 여유자금으로 스팩에 투자한다면 청약을 통해 스팩 주식을 확보하는 방법도 권해드리겠습니다.

끝으로 한 가지 더 조언을 드리자면 스팩도 우리가 바닥주에 여러 개의 낚싯대를 던져두는 것처럼 여러 개의 스팩에 분산투자하시길 권합니다.